OLGA KOZAK

CES CONTACTS AVEC L'INVISIBLE...

EDITIONS DES BEAUX ARTS

A

Ariel

DU MEME AUTEUR
chez le même éditeur

Bouddha, le Christ... Quelle voie ? - 1996 - ISBN 2 911708 00 8

Introduction

L'intérêt pour le paranormal semble avoir atteint, aujourd'hui, tous les milieux alors que, dans le premier tiers du XXe siècle, on se flattait d'être un "esprit fort", selon la formule à la mode, quelqu'un qui haussait les épaules aux histoires de revenants. Depuis la parution de *l'Origine des Espèces* de Darwin, la croyance générale était que l'homme descendait du singe et que ce n'était pas Dieu qui nous avait créés, comme l'enseignait la religion. Ni nous, ni les animaux dont on pouvait suivre, grâce aux formes fossilisées, la lente évolution et les successives transformations, sous la double influence du climat et de la nécessité.

Il était de bon ton de tourner l'astrologie en dérision. Elle était affaire de concierges - il y en avait dans tous les immeubles à cette époque - et de "petites ouvrières", comme on disait avec condescendance, c'est-à-dire de personnes si peu instruites que l'esprit rationnel leur était étranger, même tout à fait inconnu. S'intéresser à l'astrologie, croire aux esprits frappeurs amenait le sourire et vous ravalait aux yeux de votre interlocuteur au rang de naïf, d'amateur de contes de bonnes femmes, si ce n'était de simple d'esprit. De toute façon, vous passiez pour quelqu'un qu'on ne pouvait prendre au sérieux. Et dans le cas, peu fréquent, où vous vous trouviez être un scientifique, comme Camille Flammarion, vous encouriez, hélas, le dédain général de vos collègues.

En revanche, dans les milieux raffinés, le spiritisme était assez bien porté et, au cours de nombreuses réunions mondaines, on faisait tourner les tables avec entrain et même passion. On se repassait les ouvrages d'Allan Kardec comme le summum de la Révélation. On parlait beaucoup de communication avec des parents ou des amis décédés. On discutait longtemps sur des faits surprenants comme des apparitions de fleurs, des attouchements ou des déplacements d'objets, tout seuls, par la voie des airs. Toutefois, dans le grand public, le spiritisme restait suspect et raillé, quand il n'était pas présenté comme une abomination d'origine diabolique, notamment par les églises. Ceux qui ne les fréquentaient pas justifiaient avec jubilation leur athéisme par leur ascendance simienne ; et cette "découverte" était la bible de beaucoup qui se trouvaient ainsi très à l'aise dans leurs culpabilités variées. Merci Darwin.

Il n'en est pas de même aujourd'hui. Deux guerres ont meurtri une foule de gens et ébranlé leurs belles certitudes matérialistes. Car les deuils et la souffrance qui perdure, interpellent les masses et les rendent plus réceptives à d'autres valeurs où elles peuvent trouver quelque espérance. Si, pendant l'entre-deux-guerres, on ne rencontrait de prédictions astrologiques que dans des publications bas-de-gamme, après la Seconde Guerre mondiale et son cortège d'incertitudes et de dangers, des prédictions célèbres, mais quelque peu oubliées, avaient retrouvé un puissant attrait. Et l'on s'était mis à scruter, fouiller, décortiquer et interpréter comme on le pouvait les textes fameux de Nostradamus, de Sainte Odile, de Malachie et d'autres moins connus, comme ceux de la Mère Shipton ; et l'on convenait de l'influence possible des astres dans les affaires du monde.

La menace du danger atomique, particulièrement dans les pires moments de la guerre froide entre les Etats-Unis et l'ex-Union Soviétique, a beaucoup entretenu dans le conscient collectif le sentiment d'être à la merci de forces redoutables, hors du contrôle du simple citoyen, et dont celui-ci ne pourrait qu'être victime. Il lui a fait, du même coup, prendre conscience de sa faiblesse, de sa petitesse, voire de son insignifiance. Mais, aussi insignifiant qu'on soit, on tient à sa vie, on craint la souffrance et l'on est prêt, alors, à se tourner sans complexes vers le Ciel en cas de danger mortel. Même si, jusque-là, on ne s'en souciait guère, malgré l'inquiétude latente. Entre-temps, on a perdu l'attitude dédaigneuse d'autrefois pour tout ce qui n'est pas explicable rationnellement. Et même, sans aller jusqu'à retourner à l'église qui reste peu attirante, avec son discours inchangé et déconnecté de la vie, on commence à écouter avec quelque intérêt des notions et des points de vue nouveaux, qui répondent mieux à l'état d'esprit général actuel.

*

* *

Aujourd'hui, l'astrologie est devenue si familière à tous - même à ceux qui en ont seulement une vague idée - que, dans tous les milieux, tous ou presque connaissent leur signe de naissance et, à l'occasion, en font part sans rougir. Sauf, bien sûr, ceux des scientifiques qu'un rejet systématique et irréductible éloigne de toute velléité de compréhension et qui se cantonnent obstinément dans une attitude méprisante, en ignorant délibérément que de grands astronomes du passé y croyaient et la pratiquaient. Képler, qu'elle ne séduisait pas, avait fini par reconnaître sa valeur : *"Vingt années d'études pratiques ont convaincu mon esprit rebelle à la réalité de l'astrologie"*. Avant lui, Tycho Brahé avait découvert que si les astres proposent, ils ne contraignent pas : *"L'homme peut toujours agir, sous l'empire de la raison, contre l'indication produite par les corps célestes"*.

Les financiers, eux, n'ont pas de considérations de rationalité, ni d'amour-propre encombrant. Leur objectif étant l'efficacité, tout ce qui peut donner des résultats fiables est bon à exploiter. Tout en utilisant la rigueur des mathématiques dans leurs graphiques et moyennes, ils ne dédaignent pas cette autre science où l'intuition, non mesurable expérimentalement, double le raisonnement. Ainsi a-t-on pu lire dans un très sérieux magazine : *"Voilà quelques semaines, la BERD, créée il y a cinq ans pour aider les anciens pays communistes, a contacté l'astrologue Robert Kraisz pour élaborer un programme de prévisions boursières sur la base du cycle astral... La passion de Mark Curtis* (son trésorier) *pour les astres remonte à l'année dernière, quand la direction de la BERD participait à la huitième conférence d'astro-économie organisée à Londres par Grace Morris, l'astrologue américaine qui compte parmi ses clients de nombreuses sociétés figurant au palmarès des 300 plus grandes entreprises de "Fortune".*(*) Eh oui, à notre époque, on fait des conférences d'astro-économie, suivies le plus attentivement qui soit par des gens sérieux qui ne plaisantent pas avec les résultats.

On ne s'adonnait plus guère au spiritisme, trop d'insanités ayant été proférées par les esprits qui se manifestaient, et aucune information valable donnée qui eût été propre à intéresser un public nourri de matérialisme. Mais il a retrouvé actuellement un regain de faveur, spécialement chez les jeunes (**). Toutefois, la curiosité éveillée par le phénomène des tables tournantes a fait place chez les moins jeunes à une demande tout autre : une recherche sérieuse de valeurs

(*) - Le Courrier International n° 315

(**) - François Dunois Canette, *Les Prêtres Exorcistes*

spirituelles auxquelles la raison puisse adhérer et sur lesquelles étayer sa vie. On observe le besoin de se tourner vers autre chose, plus haut, plus loin que ce qu'on connaît déjà et qui n'apporte rien. D'où la prolifération de toutes sortes de groupements philosophico-religieux dont certains dispensent un enseignement gratuit de grande valeur à ceux qui sont à même d'y conformer leur vie, et d'autres versent dans le délire mystique, quand ce n'est pas dans la licence ou l'exploitation pure et simple de la crédulité humaine. Il y a plus de deux cents sectes en France. De la plus respectable à la plus détestable.

On remarque aussi, chez certains jeunes, une désaffection marquée pour les biens matériels, un dédain de notre société de consommation et de profit, allant jusqu'à un retour à la vie primitive, dans laquelle plusieurs ont persévéré. Il n'est que de se promener dans l'Ardèche profonde pour rencontrer les huttes, tippies et autres cabanes de ces originaux invétérés. Ils sont heureux de vivre ainsi, ayant renoncé aux commodités de la vie en société pour revenir à un temps où l'on construisait son habitation de ses mains, où tout n'était pas donné sans effort, où l'on produisait soi-même ce dont on avait besoin et où l'on n'était pas envahi d'informations, de bavardages et de distractions qu'on n'avait pas même eu le temps de désirer. Il y a là un retour inconscient à la loi du travail créateur et de l'effort qui est une des grandes lois de la vie - retour qui participe de ce reflux vers les valeurs spirituelles, qu'on observe actuellement.

Les gens deviennent plus ou moins croyants en des réalités surnaturelles, comme la survie possible de l'âme, sans pour cela se mettre à croire en Dieu, lequel reste encore une abstraction qui les concerne à peine. A l'intérieur même des églises, si rigoristes autrefois avec leur menace d'un enfer épouvantable même pour des désobéissances mineures, se sont développés des mouvements axés sur une vie spirituelle moins conventionnelle, moins superficielle, qui impliquerait tout l'être, avec tous ses élans et ses besoins. On connaît bien le mouvement charismatique, issu des protestants pentecôtistes et qui a fait beaucoup parler de lui pour ses guérisons spectaculaires et son parler "en langues", comme les Apôtres après la Pentecôte. On connaît moins bien, en dehors du monde religieux, les innombrables réunions de prière, où chacun vient pour prier avec plus de foi qu'à l'église et partager un moment de fraternelle ferveur en élevant ses pensées vers le Père céleste. Il est vrai qu'on y vient aussi - pourquoi pas ? - pour demander la guérison d'un être cher ou un autre bienfait. L'habitude de solliciter les faveurs du Ciel en toutes circonstances, au lieu de simplement remercier pour sa vie et s'efforcer de vivre selon la loi divine fait que, même dans ces réunions d'élan vers Dieu, on n'oublie pas de profiter de la vibration générée pour en tirer quelque avantage.

Beaucoup, cependant, y viennent vraiment pour prier ensemble, espérant plus ou moins consciemment en la promesse du Christ : *"Quand deux ou trois seront rassemblés en mon nom, je serai au milieu d'eux"*.

Ces mêmes personnes écouteront favorablement les récits de choses insolites arrivées à l'un ou à l'autre. Elles seront prêtes à tout croire, dès l'instant où la personne qui raconte est de bonne foi, même si elle en rajoute un peu. Parfois, elles se laisseront entraîner facilement dans n'importe quel mouvement "où il se passe des choses", comme les révélations surprenantes d'un médium en transe. D'autant plus facilement que le phénomène OVNI a laissé les êtres humains dans une sorte d'attente inconsciente - mais consciente pour les ufologues - d'événements extraordinaires. C'est peut-être cette inquiétude vague qui les fait se tourner vers le surnaturel, les réponses des églises ne satisfaisant pas leur attente.

Car, bien que les groupes de prière se soient abondamment multipliés, ils rassemblent encore moins de gens que ceux qui s'intéressent aux phénomènes paranormaux. Beaucoup ont déjà eu une ou plusieurs expériences qui les ont intrigués et interpellés sur la réalité du monde invisible, et qu'ils ont largement racontées autour d'eux.

Ainsi, une dame qui avait perdu son mari quelques mois auparavant, a eu la surprise de l'apercevoir, l'espace de deux secondes, dans son fauteuil habituel, lui ne faisant aucune attention à elle. Cette personne, qui était tout à fait réfractaire au surnaturel, a d'abord pensé à une image familière retenue dans son cerveau et qui aurait ressurgi inopinément. Puis, elle s'est demandée pourquoi elle n'en avait jamais revu d'autres. Une autre perçoit un jour, en elle, une voix qui, en quelques mots, résoud la difficulté qui la préoccupe. Un autre jour, cette même voix la renseigne sur les intentions de son interlocuteur. Un autre entend la voix de sa femme récemment décédée, avec les particularités de leur langage intime, les tournures, les mots qu'elle aurait employés de son vivant. Un autre, qui avait pris le train pour aller assister son oncle à l'agonie, le voit un instant sur le siège qui lui fait face. On pourrait citer de nombreux autres exemples, tant il y a de personnes ayant eu, au moins une fois dans leur vie, une expérience de ce genre. Les cas de communication avec l'invisible sont beaucoup plus fréquents qu'on ne le croit.

Il y a, aussi, de plus en plus de médiums qui seraient contactés par des "êtres de lumière" venant, de préférence, d'une autre planète, quand ce n'est pas d'un autre système solaire. Leur discours va toujours dans le sens de ce que l'auditoire attend. Le message est toujours le même, repris sous des formulations différentes : pleins de compassion pour les pauvres Terriens peu évolués et coupables que guette un anéantissement final, ou tout au moins une terrible catastrophe, ils voudraient nous en préserver en nous incitant à l'amour et à la repentance. Certains affirment que des vaisseaux spatiaux éthériques sont déjà stationnés tout autour de la terre pour sauver et emporter ailleurs ceux qui l'auront mérité. Version moderne de l'arche de Noé du dernier Déluge.

En réalité, qui sont-ils ? Que veulent-ils ? Il ne nous semble pas que ces entités aient, plus que les autres, le droit de parler nous parler, alors que de nombreux serviteurs de Dieu, si empressés auprès des hommes mais respectueux de leur volonté, se taisent et ne les préviennent pas de l'imminence d'un événement aussi important que la destruction de la planète ! Et il y a suffisamment de saints au Paradis sans qu'on ait besoin d'une sollicitude interplanétaire. Que font donc sainte Thérèse de Lisieux, saint Antoine de Padoue et sainte Rita, si souvent sollicités ? Seraient-ils indifférents à notre sort, malgré tous les cierges qui brûlent devant leurs statues ? Pourquoi se taisent-ils ? Mais, depuis d'authentiques histoires d'OVNIS, les gens sont prêts à croire que Sirius, c'est la porte à côté. Et ces réunions où, à travers le médium, parlent ces "êtres de lumière", rassemblent un public de plus en plus nombreux et coopérant.

Et que dire des multiples apparitions de la Vierge qui drainent des foules considérables, en quête de guérison ou de protection ? Dès qu'on signale quelque part un phénomène de l'Au-delà, il y a agglutination quasi-immédiate de dévots, ainsi que de curieux qui voudraient bien croire et suivre. Quelques Christs aussi se manifestent, mais ont moins de supporters. La crédulité immédiate, sans aucun examen objectif est, elle aussi, un phénomène.

Sur l'Au-delà, on a cependant quelques rapports connus dont l'authenticité nous semble indiscutable car ils recouvrent les notions enseignées par la tradition ésotérique occidentale. Celui d'un jeune officier, et fervent protestant, tué sur le front des Ardennes en 1915 ; celui d'un jeune scientifique qui avait vainement cherché la vérité dans les principales religions et philosophies et s'était finalement donné la mort ; celui d'une religieuse catholique qui avait promis, avant de disparaître, de renseigner ses sœurs, et quelques autres. Les citations que nous ferons, dans la suite de cet ouvrage, sans préciser leur origine, seront extraites de leurs témoignages.

A première lecture, leurs rapports ne semblent pas correspondre à la même réalité, pour ceux qui ne connaissent rien de ces questions. Mais c'est simplement que ces décédés interprètent ce qu'ils voient et ce qui les entoure à travers leurs propres croyances et l'idée qu'ils se faisaient de l'Au-delà. Ils sont aussi fonction du niveau de conscience qu'ils avaient atteint et qui les situe à un endroit déterminé. Tous trois parlent de sphères différentes et aussi de régions. L'un dit : «*Chacun de nous va, au moment de la séparation du corps physique, dans la sphère qui correspond à son évolution. Il n'y a pas d'erreur possible, car c'est une affaire de taux de vibrations*». Et l'autre : «*Pour tous, après la mort, il y a les sphères qui englobent plusieurs cycles*». La religieuse précise qu'elle se trouve au Purgatoire et que celui-ci comporte trois régions, en faisant remarquer que, dans la région la plus basse, les prières n'atteignent pas ceux qui s'y trouvent et ne soulagent donc pas leur souffrance. Le jeune homme du cas rapporté par Paul Misraki (*) parle d'étages et les explique selon sa propre compréhension : *"...les étages (plus ou moins) élevés selon l'affinité plus ou moins parfaite en direction de l'Amour, qui est Dieu..."*

Quand on compare les descriptions qu'ils font de ce qu'ils voient, on se rend compte que c'est leur point d'observation qui est différent et que, par ailleurs, chacun perçoit le monde où il se trouve selon ce qu'il en comprend, à travers les conceptions et les idées qu'il a ramenées de sa vie terrestre, sans être suspect d'affabulation. A priori, pour celui qui entend parler de ces choses pour la première fois, c'est assez déroutant. Quoi qu'il en soit, il est tout à fait réel qu'un autre monde existe où vont ceux qui terminent leur vie ici.

(*) Paul Misraki, *L'expérience de l'après-Vie.*

I

Où sont ceux
qui ont quitté cette terre ?

Les morts ne sont pas dans un quelconque univers parallèle, mystérieux et lointain, à l'emplacement indéfini, ou encore dans un Ciel ou un Purgatoire bien clos où nous n'aurions pas accès. Non. Ceux qui ont quitté la vie terrestre n'ont, en réalité, rien quitté du tout, si ce n'est leur vêture charnelle. Ils sont là, tout autour de nous, là où un intérêt puissant les y attachait durant leur vie ici, dans leur famille et plus particulièrement auprès de ceux qu'ils aimaient ou qui leur faisait souci ; en tout cas et, d'une manière générale, près de ceux - ou ce - qui leur étaient le plus cher.

C'est pourquoi, certains sont plus près de leurs chevaux que de leur femme, que d'autres hantent les cafés où ils aimaient passer le temps, que d'autres évoluent sur les hauteurs neigeuses ou escaladent les sommets qu'ils auraient voulu conquérir quand ils étaient sur la terre. D'autres restent pendant des années et des années dans la maison qu'ils ont bâtie de leurs mains ou dans les champs qu'ils ont acquis et cultivés, et qui étaient toute leur richesse. Et combien de joueurs de boules assistent, invisibles, à la partie de pétanque qui, autrefois, était tout ce qui les passionnait ! Un père, une mère sont le plus souvent près de leurs jeunes enfants orphelins, et même près de leurs enfants adultes, se réjouissant de leurs succès, s'inquiétant de leurs difficultés. Quant à ceux qui s'aimaient et que la mort a séparés, celui qui semble être parti est là, présent, aimant et attentif. Et ce n'est pas l'envie qui lui manque de se manifester, de crier qu'il est vivant, et présent, et toujours aimant !

Il faut savoir cependant que le chagrin éprouvé par celui qui reste tient le disparu à distance parce que, sous l'effet de la souffrance, celui qui reste émet des pointes aiguës dans son aura qui font reculer l'autre et que, par ailleurs, de l'autre côté, les sensations, comme les sentiments, sont ressentis d'une façon beaucoup plus vive que dans le monde matériel où les vibrations plus lentes de notre enveloppe physique en atténue l'intensité. Ainsi, ne nous est-il pas arrivé d'éprouver, dans le rêve, un sentiment très tendre pour une personne qui, dans la veille, ne nous inspirait qu'un peu d'amitié ?

Dans les familles à traditions qui conservent, à la table familiale, la place désormais vide du défunt, on peut être assuré que le cher disparu est assis sur sa chaise, qu'il regarde les siens, qu'il les écoute et qu'il pense de leurs propos ce qu'il en aurait pensé s'il avait été au milieu d'eux en chair et en os. Les maisons anciennes sont peuplées des êtres qui les ont habitées, quand ceux-ci ne parviennent pas à oublier la terre et à tourner leurs regards et leur attente vers un autre monde qu'ils savent exister mais qu'ils ne voient pas encore car, jusque-là, ce monde ne les a pas intéressés. N'évoluant pas de l'autre côté du fait de leur incuriosité des choses spirituelles, et ne sachant que faire ni où aller, ils restent indéfiniment là où ils ont toujours vécu.

Mais il ne faudrait pas croire que les maisons récentes soient exemptes de visiteurs invisibles, même celles qui viennent de se construire. Aussi étonnant que ce soit, elles sont fréquemment traversées par des désincarnés qui, apparemment, n'ont rien à y faire. Simplement, cette maison se trouve sur leur passage. Ils y passent, le regard absent, indifférents à leurs occupants. Quelquefois, ils y séjournent un temps, par curiosité de la vie qu'y mènent d'autres gens ou la génération qui les a suivis. En général, ces hôtes de nos maisons et de nos appartements ne se manifestent jamais à nous et n'ont cure de se mêler de nos affaires. Leur intérêt est concentré sur eux-mêmes et sur leur nouvelle vie.

Le lien qui attache les individus à leur principal intérêt sur la terre peut aussi être négatif, car la haine enchaîne tout aussi fortement que l'amour, si ce n'est davantage. Ainsi, un ennemi peut rester longtemps près de la personne qu'il détestait et déteste toujours, à empoisonner son aura de sa haine et de sa méchanceté, à lui suggérer, comme venant d'elle-même, des décisions et des attitudes qui ne pourront lui amener que des pertes ou des désagréments. D'où la nécessité de toujours se fier à sa raison et à son bon sens et, quand on n'y voit pas clair, à la simple logique, pour éviter de faire des erreurs. Car la logique est objective. Quelle que soit la force d'une incitation qui semble venir de nous-mêmes, la logique nous indiquera si ses conséquences seront bonnes ou mauvaises.

Donc, les morts ne sont pas loin de nous. C'est pourquoi il arrive incidemment qu'on les voie, un instant, à leur place familière ou que nous ressentions, parfois, une présence ou un contact léger très particulier. Nous expliquerons plus loin comment ces anomalies peuvent se produire.

Depuis la publication en France du livre-témoignage de Raymond Moody, *La Vie après la Vie*, l'intérêt pour l'après-vie et ce que deviennent les défunts s'est beaucoup accru. A sa suite, de nombreux livres ont été publiés qui relatent des expériences de mort commencée, les unes avec une rigoureuse exactitude et un minimum de détails, les autres avec beaucoup de littérature : l'expérience ayant été mince, ou presque nulle, il n'y aurait pas eu grand'chose à raconter. Mais quand on est bien placé pour se faire publier, on ne résiste guère à la tentation.

Beaucoup se posent des questions, mais en sachant que les réponses ne viendront pas vite, faute de savoir où les trouver. Pourtant, ces réponses existent, à la portée de tous. Mais disséminées dans divers livres. Aussi, elles n'apparaissent qu'à celui qui cherche, compare, rassemble divers éléments, les analyse et raisonne par lui-même. Mais combien le font ?

*

* *

La personne qui a eu un contact avec l'invisible se pose rarement la bonne question : Qui ? Pourquoi ? tant elle admet d'emblée que ce qu'elle voit ou entend est positif et bon pour elle.

Il y a quelques notions à garder à l'esprit, comme nous le verrons, quand on s'interroge sur un phénomène paranormal, afin de savoir à quoi s'en tenir sur ce qu'on a vu ou entendu, ne pas s'enferrer dans des déductions erronées et s'engager dans une ligne de conduite néfaste.

Et puis, dans la suite de cet ouvrage, nous ne parlerons plus de morts, ni de défunts, ni de décédés, tout au plus de désincarnés, car ils ont, en effet, perdu leur corps de chair. Nous réserverons le terme de mort au seul passage dans l'autre monde. Car personne n'est jamais "mort". Ceux qui sont "passés" n'ont fait que s'en aller, en pleine conscience, dans un autre univers intimement mêlé au nôtre. Aucun vieillard, aucun malade à la dernière extrémité ne s'est jamais *"endormi dans la paix du Seigneur"*. Pas du tout ! C'est l'illusion la plus gratuite qui soit. Si leur forme physique en a donné l'impression dans les derniers instants de leur vie terrestre, ils n'ont pas cessé d'être conscients au moment du passage et bien plus vivants qu'au cours de leur vie, surpris et ravis de ne plus ressentir ni douleur, ni épuisement, ni fatigue, en possession de leurs facultés intellectuelles intactes, et libres de se mouvoir avec l'aisance de leurs jeunes années. Les moribonds, à la limite de leurs forces, se trouvent débarrassés en un instant de ce corps pesant et ravagé qui les faisait tellement souffrir qu'ils aspiraient à la délivrance finale. S'ils avaient eu le cerveau embrumé ou si le vieillissement en avait altéré le fonctionnement, si l'individu n'arrivait plus à proférer que d'inintelligibles paroles, dans cet autre monde l'esprit est libéré de l'organe physique aux cellules usées, voire déjà mortes, à travers lequel il lui fallait s'exprimer et qui, lui-même, était tributaire de l'ensemble de son organisme. Il est désormais libre, sans obligation de passer par ce cerveau déficient et il se sent merveilleusement vivant. Car l'esprit est éternel et totalement à l'abri de la décrépitude. Ceux qui s'en vont dans la force de l'âge se retrouvent tout pareils à ce qu'ils étaient et, souvent, ne réalisent pas qu'ils viennent de quitter ce monde.

A la mort, il n'y a jamais perte de conscience. L'agonie, le coma ne concernent que le corps physique, animé encore par les derniers battements d'un cœur qui va s'arrêter, comme tombent les derniers grains d'un sablier. Le corps semble lutter pour se raccrocher à la vie mais ce n'est qu'une apparence. L'esprit, qui est la personne elle-même, est à ce moment presque entièrement dégagé de ce corps et, souvent, perçoit distinctement les êtres qui l'attendent.

Aussi paradoxal que cela paraisse, mourir c'est retrouver la liberté de son esprit et de son corps, bien que celui-ci n'ait plus la même consistance. Et naître, c'est précisément perdre cette liberté. C'est s'emprisonner dans un corps de chair aux possibilités limitées, qui ne pourront être développées qu'à force d'effort et d'exercice, soumis qu'il est à la pesanteur sans pouvoir y échapper. Impossible, en effet, de lever un pied sans qu'il ne veuille retomber sur le sol ; on peut aller et venir à la surface de cette Terre mais pas s'en décoller pour prendre son envol dans les airs comme les oiseaux. Comparé à notre corps du monde invisible, notre corps physique est lourd à remuer, pesant à supporter et exposé à se faire douloureux dans un endroit ou dans un autre quand il est endommagé ou qu'il commence à vieillir. Alors que cet autre corps, dont l'existence se révèle au moment du passage, est merveilleusement souple et léger et ne connaît ni la fatigue de l'âge, ni la souffrance, ni l'usure !

Max Heindel dit, non sans un involontaire humour : *"Lorsqu'un Ego vient au monde et s'emprisonne dans un corps dense, il est dans les conditions les plus limitées qui se puissent imaginer. Se réjouir de la naissance d'un enfant ou s'affliger de sa perte, revient à se féliciter qu'un ami soit jeté en prison et à se désespérer parce qu'il en est sorti" (*).*

Ainsi donc, puisque personne n'est jamais mort, que personne ne meurt, nous emploierons désormais le vieux mot

(*) Max Heindel, *La Philosophie Rosicrucienne par questions et réponses*

français de "trépassés" qui correspond beaucoup mieux à la situation. En effet, "trépasser" a la même origine qu'en anglais "*to trespass*" qui signifie, entre autres sens, franchir une limite interdite, car c'est précisément ce qui se passe.

Quand sa vie est arrivée à son terme, l'homme doit laisser ici maison et possessions, et tout ce qui appartient au monde de la matière, à commencer par son corps physique, dont les constituants y retournent tout naturellement par la décomposition et réabsorption par la terre, ou par la crémation. De toute façon, cendre ou pourriture, tout reste dans ce monde et refait partie de ses constituants non individualisés.

Le trépassé entre alors dans un autre monde qui lui était fermé jusque-là, qui est immédiatement supérieur en spiritualité, mais inférieur en densité, et qui fonctionne selon d'autres lois physiques. Certains comprennent à ce moment ce qu'ils n'arrivaient pas à admettre auparavant, c'est-à-dire la répugnance de ceux qui font des sorties hors du corps à réintégrer cette forme lourde, froide et contraignante qui gît sur le lit. Quand, sur terre, il lui fallait marcher pour parcourir seulement cinq ou six kilomètres à l'heure en se fatiguant, sorti de ce corps il apprend vite qu'il peut aller où il veut sans effort. Les plus dégourdis ne sont pas longs à découvrir qu'ils peuvent glisser à grande vitesse comme sur une patinoire ou se déplacer dans les airs comme les avions.

Donc, il n'y a que des vivants, quel que soit le monde où

l'on se trouve. La mort n'est même pas une interruption de conscience, bien au contraire, car celui qui "passe" ne fait que laisser ici l'enveloppe charnelle de son être spirituel immortel. Mais il en est qui sont tellement enfoncés dans leur matière qu'ils marchent encore et se promènent comme ils le faisaient ici, car ils ont emporté dans leur mental les lois du monde physique et se révèlent incapables, par la réflexion et l'observation, de s'adapter à leur nouveau milieu, surtout s'il est déconcertant. Souvent, ils se croient toujours sur la terre, victimes d'une hallucination ou bien d'un cauchemar.

Quand un enfant naît, il y a toujours quelqu'un pour accueillir le nouveau venu et s'occuper de lui, ne fût-ce que la femme dans laquelle il s'est développé. Il en est de même au moment où l'on passe dans l'autre monde. Il y a toujours quelqu'un pour accueillir celui qui arrive. Ce sont, en général, des parents ou des amis, ou les deux, qui remplissent cet office. Mais si ceux-ci ont quitté la terre depuis trop longtemps et en ont donc perdu le contact, il y a toujours de bonnes âmes pour les remplacer, soit volontaires, soit chargées de cette mission spéciale, qui est de leur faire prendre conscience qu'ils ne sont plus dans la vie terrestre et de les aider à s'adapter à leur nouvel état.

Toutefois, ce "personnel d'accueil" dépend aussi, pour ses dispositions et ses qualités, de ce qu'est l'individu lui-même. Il est certain que ce ne sont pas les anges qui vont accueillir un criminel. Celui qui a fait souffrir les autres, soit par plaisir, soit simplement par égoïsme, consciemment ou non, est en butte à des entités malfaisantes qui se plaisent à effrayer et à tourmenter l'arrivant qui ignore tout de ce nouveau monde et ne sait comment se défendre.

D'après ce qui précède, nous voyons qu'il n'y a pas lieu de s'affliger outre mesure du départ des êtres que nous aimons, pas plus que s'ils partaient pour un long voyage. Nous savons, avec certitude, que nous les reverrons. La vie passe si vite ! *«Ne pleurez pas sur nous ! Nous vivons une vie très supérieure à celle de la terre».* D'ailleurs, la mort est maintenant perçue dans l'inconscient collectif d'une façon beaucoup moins angoissante qu'autrefois. Elle s'est banalisée. On ne porte même plus de vêtements noirs, encore moins de ces longs voiles qui masquaient les visages féminins plus ou moins ravagés par les larmes ; et les larmes, on en voit aussi beaucoup moins. Quant aux voitures des convois, elles sont passées d'un noir funèbre à un bordeaux discret, même à un gris élégant. D'ici que leur teinte s'éclaircisse tout à fait et perde même une couleur conventionnelle, il ne faudra que quelques années. Et si, sur la lancée de leur préoccupation religieuse actuelle, les gens se mettent à réaliser que la mort est plutôt une bienheureuse délivrance, les voitures crouleront peut-être sous les guirlandes et les pompons, comme un arbre de Noël. En fait, ce changement radical dans l'idée qu'on se fait de cette échéance inévitable ne serait pas plus surprenant que la libération des mœurs d'aujourd'hui, qui était impensable il n'y a pas même cinquante ans.

Cependant, il est bon que la crainte de la mort perdure dans l'inconscient, et même dans le conscient, des êtres, sinon il pourrait se trouver des irresponsables ou des téméraires pour mettre légèrement fin à leur existence un jour de grosse déprime. Ce serait pour eux une très cruelle désillusion. En effet, si la mort est une libération pour ceux qui ont accompli leur vie jusqu'à son terme normal, elle est, pour les suicidés, une plongée dans une souffrance intense quasi-physique très pénible, qui dure aussi longtemps qu'aurait duré leur vie. Ceux qui l'ont connue ramènent, dans l'existence suivante, une horreur viscérale de la mort et ne recommenceront pas, quels que puissent être leurs chagrins et leurs difficultés.

Car la raison de la vie est justement d'affronter toute difficulté, de quelque nature qu'elle soit et dans quelque domaine qu'elle se présente : dans la famille, au travail ou dans les relations sociales. *"Et nul ne se connaît tant qu'il n'a pas souffert"* disait Musset. C'est, en effet, la façon dont on aborde et résoud ces difficultés qui révèle l'individu à lui-même et qui contribue à en faire un homme, lorsqu'il s'en tire le mieux possible. Car la difficulté interpelle l'être humain dans sa totalité. Elle exerce son intelligence pour trouver le moyen de la résoudre, son esprit pour le faire d'une façon correcte sans nuire à personne et son cœur pour éviter de faire du mal à qui que ce soit, même à son adversaire. Mais, trop souvent, une seule condition est remplie : le moyen d'en sortir. Ce sont les deux autres qui représentent un test pour son progrès en tant qu'être en évolution. Et c'est souvent là qu'il échoue. Alors, il devra affronter encore et encore le même genre de difficulté pour arriver à pardonner, à ne pas rendre la pareille, à ne pas léser ou faire souffrir les autres, jusqu'à ce que la petite voix, qui parle sans paroles et qu'on appelle la conscience, se fasse entendre assez fort en lui pour lui faire choisir ce qui est bien. Il est à remarquer que jamais la difficulté ne sera telle que l'individu ne puisse la surmonter. Ceci est une constante dans le destin des hommes. Aussi, se soustraire à ces confrontations avec son être intérieur, c'est une fuite inutile car les mêmes difficultés se représenteront jusqu'à ce qu'elles soient résolues dans le sens du bien, dans cette vie ou dans la suivante. Ceux qui croiraient les esquiver en espérant trouver une vie meilleure dans l'autre monde, se retrouveraient au même point, une souffrance imprévue en plus.

Pour une autre raison, il est bon que la crainte de la mort reste souhaitable et induise le respect de la dépouille de celui qui est parti. C'est que, d'après les rapports de ceux qui ont connu une mort commencée, les gens s'accoutumeraient assez vite à l'idée qu'elle est la délivrance de toutes les contraintes et seraient persuadés que la vie, de l'autre côté, est particulièrement agréable, puisque ceux qui y sont allés n'avaient plus envie de revenir. Mais étant donné la légèreté inhérente à l'être humain, l'écueil serait de se limiter à l'assurance séduisante donnée par ces rapports et de ne chercher aucunement à s'informer sur ce qui se passe après, quand on est tout à fait coupé de cette vie. Aussi, il se pourrait qu'ils transforment le départ des leurs en occasion de festivités, dansant allègrement autour de leur dépouille et buvant à leur santé tout en les célébrant bruyamment, sans avoir le moins du monde conscience de la gêne et du tort qu'ils leur causent. Par de multiples témoignages, on sait que le trépassé revoit sa vie, en sens inverse de ce qu'il a vécu, c'est à dire en commençant par ce qui a précédé son départ. Or, rien n'est gratuit dans l'univers. Ce n'est pas sans raison que le panorama de toutes ses actions et même de ses pensées défile devant lui sans interruption, qu'il revoit tout, jusque dans les moindres détails, que tout est présent à la fois pendant le temps, variable selon les individus, que mettra son corps éthérique à s'affaisser et qui peut durer jusqu'à trois jours et demi. Si ce processus a lieu, c'est qu'il est extrêmement important pour ce que va être sa vie dans l'Au-delà. Or les larmes, les lamentations bruyantes - que dire alors des réjouissances ! - empêchent le disparu de concentrer toute son attention sur ce panorama. Aussi ne s'imprime-t-il que faiblement sur son corps émotionnel (son aura), lequel sera son corps au Purgatoire et au premier Ciel. Qu'il ne puisse y revivre sa vie dans le mal qu'il a fait, puis dans le bien, et cette vie sera pratiquement perdue. Cette anomalie dans le processus normal aura causé dans son évolution personnelle un retard et une perturbation considérables. C'est pourquoi, il est impératif de laisser celui qui n'est pas encore tout à fait dégagé de son corps physique, dans la plus grande paix et le plus grand respect de ce qu'il est en train de vivre, à ce moment, dans ses corps subtils. Les autopsies, prélèvements d'organes et autres manipulations sont tout aussi préjudiciables.

En résumé, ne nous attristons pas du départ de nos chers bien-aimés, mais réjouissons-nous en silence, discrètement, qu'ils soient libérés de cette vie d'épreuves. Ne pas les déranger est la meilleure aide que nous puissions leur apporter pendant ces quelques jours qui suivent leur transition. Cela leur fera bien plus de plaisir que de voir, par nos larmes, combien nous les aimions.

II

Les différents mondes et le processus post-mortem

Comme nous serons tous, un jour ou l'autre mais sûrement, confrontés à ce grand passage qu'est la mort, il n'est pas sans intérêt d'avoir quelques informations sur ce qui nous attend, et déjà sur ceux qui sont passés de l'autre côté.

Il est certain que ces disparus de la terre ont un corps, sinon on ne pourrait les voir. Il est évident aussi que ce corps est fait d'une matière beaucoup plus subtile que notre grossier - mais combien merveilleux - corps physique ; que ce corps conserve sentiment, mémoire et pensée ; que, dans ce monde-ci, il est étroitement connecté à notre corps de chair, mais qu'il peut s'en dégager facilement, comme l'ont expérimenté ceux qui en sont sortis accidentellement, ou qui en sortent à volonté. Il faut savoir que cette sortie se fait tout naturellement quand on s'endort, mais qu'une mauvaise digestion ou une grande angoisse l'entrave. On fait alors des cauchemars pénibles et l'on se réveille plus fatigué qu'avant de s'endormir. Ceux qui font des rêves conscients, sachant de plus où ils sont et ce qu'ils voient, en profitent pour observer ce monde invisible où l'usure quotidienne du corps physique se répare, nuit après nuit, par l'intermédiaire de ce corps subtil.

Car le monde invisible existe et il est aussi réel et structuré que notre monde tangible. Ceux qui, au cours d'une opération ou d'un coma se souviennent d'être sortis de leur corps, ont la preuve qu'il ne s'agissait pas d'une agréable fantasmagorie de leur cerveau due aux endomorphines, mais bien d'une expérience réelle puisqu'ils ont pu rapporter le comportement et les propos de l'équipe médicale qui s'efforçait de les ranimer. Ils se sont bien aperçus qu'ils avaient un corps autre que celui qui gisait, inconscient, à quelques mètres d'eux.

De même, ceux qui ont rencontré l'Etre de lumière pendant leur expérience de mort approchée, ont eu la révélation d'une autre sorte de corps. Cet Etre était seulement une lumière, intense, non éblouissante, mais circonscrite. Elle était, en même temps, une présence, une intelligence et un sentiment puisqu'elle était pleine d'amour et qu'elle savait tout de leur vie, tout en n'étant que de la lumière. Elle pouvait aussi, à l'occasion, avoir de l'humour. Comme dans un monde donné, tous ont un corps à peu près semblable en ce qui concerne sa composition et son agencement, on peut en déduire que le corps de cet Etre, fait seulement de lumière, sans contours définis mais limité, appartiendrait à un autre plan, un autre monde où les habitants auraient tous cette même sorte de corps. D'ailleurs, la forme parfaite n'est-elle pas sphérique comme celle des corps célestes, tels que le soleil, les étoiles, les planètes ?

Dans l'avenir de l'aventure humaine, nous évoluerons nous-mêmes vers cette forme sphérique parfaite. On sait que le fœtus, dans son développement, passe par les états successifs qui ont été ceux des organismes ayant abouti à l'organisme humain qui est le nôtre. Par exemple, il baigne jusqu'à son complet achèvement dans un élément liquide, comme les animaux marins de notre monde. Il revit là l'époque où, lui aussi, respirait par des branchies. Ce fœtus est replié sur lui-même et développe ses organes à l'intérieur de cette sorte de boule qu'est son corps dans cette position. A son entrée dans le monde physique, le bébé se déploie pour prendre assez vite la station verticale que l'homme conservera dans toutes ses vies sur cette terre. Dans un futur très lointain, l'être humain étant presque arrivé à la perfection divine et vivant, pour y arriver, sur des plans de plus en plus spirituels, l'adaptation à ces nouveaux plans nécessitera d'autres adéquations. Aussi, la forme qui lui aura été nécessaire pour fonctionner dans le monde physique actuel se déploiera-t-elle progressivement à l'inverse de celle du fœtus, ses organes étant alors tournés vers l'extérieur et l'ensemble formant à nouveau une sorte de boule, mais lumineuse cette fois, étant donné le degré de perfection atteint. Nous serons arrivés à la forme sphérique lumineuse de l'Etre de lumière qu'on rencontre à la sortie définitive de notre monde.

Donc, il existerait encore une sorte de corps qui n'a rien à voir avec la forme humaine et serait également différent de celui qu'ont les humains lorsqu'ils quittent leur corps terrestre. Il s'agirait d'un autre état de conscience que l'état de conscience humain et il existerait un plan autre que le plan terrestre et celui qui lui est immédiatement connexe, dans lequel l'individu pénètre lorsqu'il trépasse, ou fortuitement. Ce plan serait certainement plus élevé, puisqu'il y règne la lumière et l'amour ; à ce propos, rappellons-nous les paroles de l'apôtre Jean : *"Dieu est lumière"*.

Mais voyons déjà ce qu'il en est de ce que nous connaissons ou croyons connaître.

*

* *

Notre monde matériel n'est pas seulement composé de ce qu'on peut voir ou appréhender avec nos sens physiques et qui correspond aux trois états de la matière, de densité décroissante. Ce sont d'abord les solides et les liquides qu'on peut voir, puis les gaz qu'on ne peut plus voir mais dont on peut déceler l'existence grâce à l'odeur ou à la lumière qu'ils émettent quand on les brûle. On peut aussi les comprimer pour utiliser leur force d'expansion, ou encore les liquéfier.

Mais il y a encore une région invisible dans laquelle se

propagent les ondes électromagnétiques de radio et de télévision, les rayons X, les rayons gamma, les rayons cosmiques ,et où s'exercent des champs de force de densité décroissante, que la tradition ésotérique occidentale appelle la région éthérique du monde physique. Il est à la portée de l'homme de les découvrir puisqu'ils appartiennent au monde physique, si les scientifiques s'avisaient de chercher dans cette direction, et dans l'optique de la Connaissance. Ils ont découvert et savent utiliser les ultra-sons, les infra-rouges, les ultra-violets, les rayons X. Toujours en quête d'une application pratique, ils exploitent maintenant les rayons gamma comme technique d'irradiation et de stérilisation. Mais s'ils poursuivaient leur recherche au-delà des rayons gamma, les rayons cosmiques leur ouvriraient un champ d'applications insoupçonnées. Apparemment, les performances des OVNIS aux accélérations foudroyantes, leurs virages à angle droit, leur utilisation de rayons lumineux pour ''pêcher'' un Terrien, la contraction et la dilatation du temps, ainsi que leurs brusques apparitions et disparitions relèvent de cette région éthérique que les chercheurs n'ont pas encore songé à explorer. Cependant, jamais la science n'a été aussi près de rejoindre la tradition ésotérique qui enseigne, depuis longtemps, des vérités que celle-ci découvre peu à peu. Matérialisations dans la partie visible du monde physique et dématérialisations dans la partie éthérique pour traverser les murs et couvrir d'énormes distances n'ont rien de magique, mais sont une utilisation de fréquences jusqu'ici inexplorées et inexploitées. La technologie des Terriens n'est relativement pas loin de rattrapper celle des extra-terrestres qui, pour le moment, les laisse pantois. Ils s'étonneront moins alors que ces supermen utilisent parfois des techniques qu'eux-mêmes ont dépassées.

*

*   *

Notre corps, vu par nos yeux physiques, ne représente qu'une partie de notre individualité totale : un double invisible assure toutes nos fonctions organiques, depuis les élémentaires fonctions d'assimilation et d'excrétion jusqu'à notre faculté de mémoriser et de penser, en passant par les fonctions sensorielles de vue, de toucher etc.

Ce double, ce corps éthérique invisible, appartient au monde physique comme la lumière et les ondes électromagnétiques, et il fonctionne exclusivement dans la région éthérique du monde physique.

Il est important, pour une réflexion approfondie, de bien réaliser que nos différents corps (physique, éthérique, émotionnel et mental) sont toujours une parcelle individualisée de chacun des mondes qui nous entourent, mais dont nous ne voyons que le seul monde matériel. Ainsi, notre corps est constitué des mêmes éléments qu'on retrouve partout sur et dans la terre, ainsi que dans le cosmos. De même que l'énergie que nous recevons du soleil est invisible mais réelle, notre corps éthérique l'est aussi; sans lui l'amas de chair, de sang et d'os qu'est l'individu visible ne pourrait se mouvoir, ni assimiler sa nourriture, ni se reproduire, ni prendre conscience, par ses sens, de son environnement, ni même penser.

Dans cette région éthérique, en effet, sont actifs quatre grands courants de force de densité décroissante, qu'on appelle les éthers.

Le premier de ces éthers, plus subtil que les gaz, est le plus dense des quatre. Par lui agissent les forces qui régissent le premier besoin de tout ce qui a vie - hommes, animaux, insectes, plantes - pour assurer sa survie, c'est-à-dire l'assimilation de leur nourriture et l'excrétion des déchets.

Le second éther, un peu plus subtil, est le champ des forces qui règlent la reproduction dans les trois règnes doués de vie. Elles assurent la production, la maturation et la dispersion des graines et des semences ainsi que le développement des organes génitaux, l'attraction des sexes, la fécondation, l'accouchement, la lactation. L'arrivée dans le monde d'un petit d'homme est toujours un émerveillement. Il en serait de même pour les naissances d'animaux si nous leur prêtions la même attention. Ce petit être s'est formé apparemment tout seul, mais il est complet dans tous les détails à l'intérieur de sa mère, sans qu'elle ait eu la moindre part volontaire - sauf à l'interrompre arbitrairement - dans la formation de ce petit organisme complexe, extrêmement élaboré et qui sort au jour au temps prévu, quand la mise en place de tous ses organes est terminée et qu'il est équipé pour prendre sa place dans la société des hommes. Nous constatons le phénomène sans avoir pu voir les forces au travail pendant les neuf mois de la gestation, alors que, sans leur action, il n'y aurait même pas eu de fécondation.

Expliquer le développement de l'ovule fécondé, jusqu'à l'organisme complètement adapté à la vie dans le monde physique, par la mise en action d'un processus déclenché par la sécrétion d'une hormone particulière n'explique rien du tout. C'est seulement une constatation. L'hormone, en elle-même, n'a pas d'intelligence, et surtout pas l'intelligence d'assigner son rôle à chaque cellule. On ne peut donc attribuer à cette hormone une action qu'elle est bien incapable de programmer et de réaliser. Il est, au contraire, évident que le bébé s'est développé selon un schéma préexistant, auquel se sont conformées toutes les cellules concernées. Les forces qui travaillent sur l'homme par l'intermédiaire des éthers ne sont pas des forces mécaniques et aveugles, mais des forces intelligentes.

Le troisième éther, plus subtil encore, régit tout ce dont l'être a besoin pour s'assumer dans son environnement, c'est-à-dire les organes des sens et la chaleur du sang qui lui permet l'activité. Cet éther assure, d'ailleurs, la circulation de tous les liquides des organismes vivants, dont la montée et la redescente de la sève.

Enfin, le plus subtil des quatre, est celui qui concerne les facultés indispensables pour fonctionner efficacement et progresser dans le milieu où l'homme a été appelé à vivre : la mémoire et la pensée. Cet éther permet à la pensée de s'exprimer par le cerveau et à la mémoire de retenir les impressions produites sur l'individu par tout ce qui l'entoure dans le monde extérieur. On l'appelle l'éther réflecteur et il est abondamment peuplé de toutes les images et productions formées par et dans les cerveaux humains. C'est dans cet éther que lisent les voyantes et les médiums.

Les forces de ces quatre éthers, qui sont à l'œuvre dans les différentes fonctions des organismes vivants, et de l'homme en particulier, le sont donc par l'intermédiaire du corps éthérique, aussi présent et réel que les ondes de télévision ou les neutrinos qui nous traversent à tout instant. Ce corps, appartenant au monde physique, se détruit en même temps que le corps physique, quand celui-ci se décompose ou est réduit en cendres par l'incinération. C'est ce corps qu'on voit parfois flotter au clair de lune au-dessus des tombes fraîches, comme une lueur. Il n'est pas l'esprit du trépassé, bien que celui-ci puisse être présent, car l'esprit n'appartient pas au monde physique visible.

Le corps qui constitue la plus grande partie de ce qu'on appelle l'aura, que certains ont la faculté de voir, et par lequel nous ressentons nos émotions et nos sentiments, appartient au monde émotionnel, appelé aussi monde du désir ou encore monde astral, selon les terminologies adoptées par les différentes écoles ésotériques. C'est le premier monde spirituel qui soit en contact avec l'homme. Il est plus subtil encore que les éthers de la région éthérique - si l'on peut encore parler de densité quand il n'existe aucune possibilité de la mesurer avec nos instruments, aussi performants soient-ils.

*

*   *

Dire que ceux qui ont franchi les portes de la mort partagent notre vie semblent contredire la notion catholique de Purgatoire. Mais en apparence seulement. Le Purgatoire existe bel et bien. L'enfer aussi, hélas. Mais ni l'un ni l'autre de la façon simpliste enseignée au catéchisme. Ceci appelle des explications et des commentaires que l'Eglise ne dispense malheureusement pas, faute de savoir ce qu'il en est en réalité - connaissance à laquelle elle s'est elle-même interdit d'accéder, lorsque au Concile de Nicée au IVe siècle, elle s'est enfermée dans ses dogmes, et a banni de son sein ceux qui l'avaient et l'enseignaient. Sans cette fatale erreur d'aiguillage, il n'y aurait jamais eu de ces graves problèmes qui perturbent les consciences, divisent les fidèles et les poussent à la rebellion, comme l'exclusion des sacrements des divorcés remariés, le mariage des prêtres, la liberté de l'amour, etc. Car ces questions n'auraient pas eu lieu de se poser.

Selon l'Eglise, lorsqu'un être quitte la vie terrestre, il est mis en face de Dieu, avec le fardeau de toutes ses fautes. Si celles-ci sont gravissimes, le malheureux est précipité en enfer et y restera pour l'éternité des temps. Si elles ne sont pas trop graves ou si, tout en étant gravissimes, il s'en est confessé ou repenti avant le passage, alors il ira souffrir en Purgatoire un temps proportionné à leur gravité, puis se verra ouvrir les portes du Paradis pour un bonheur tout aussi éternel.

Mais alors, que sont ces personnes qui se manifestent dans les tables ? Comment se fait-il qu'elles ne soient ni au Purgatoire ni au Ciel ? Et ces esprits qui, sans cesse, parlent aux médiums, d'où leur vient cette liberté ? La réponse unilatérale de l'Eglise est qu'il s'agit de phénomènes diaboliques. Cette réponse est, en réalité, un refus d'admettre ce qui est, un aveu d'ignorance, en tout cas un manque total d'explication.

Pour l'Eglise, tout ce qui ne vient pas du Ciel, vient du Diable. On sait bien que, sans cesse, les forces du mal luttent contre les forces du bien. On sait aussi que celui qui entraîne trop de monde vers le royaume de Dieu sur la terre, c'est-à-dire vers la paix et l'amité entre les hommes, le paie souvent de sa vie. Le Christ en est l'exemple type. Plus près de nous, il y eut Gandhi et Martin Luther King dont le "rêve" est resté en suspens. Les forces du mal ne pouvaient supporter plus longtemps leur action bienfaisante. Mais la vérité de l'aventure humaine et de ce que sont ces forces à l'œuvre dans l'invisible est infiniment plus complexe que cette bataille de soldats de plomb entre le Diable et le Bon Dieu.

Si l'Eglise n'avait pas définitivement abandonné la voie de la Connaissance, elle aurait pu guider efficacement un nombre considérable d'êtres humains de bonne volonté qui se sont fourvoyés dans des pratiques dangereuses, dont ils ont finalement été les victimes. Elle n'aurait brûlé ni hérétiques, ni sorcières, mais eût été une mère pour ses enfants les plus faibles, les plus exposés ou les plus aventureux. Et, aujourd'hui, elle pourrait donner les bonnes réponses aux interrogations sur les phénomènes dit surnaturels et sauver du péril les inconscients qui se sont laissé piéger par de sinistres entités. Mais *«l'Eglise n'est pas le christianisme ! C'est l'Evangile qui est la substance du christianisme»*.

On a, maintenant, de nombreux témoignages d'êtres ayant atteint la limite de la vie sur la Terre. Nous savons à peu près ce qui se passe, tout au moins jusqu'à l'ultime point d'où l'on ne revient pas et qu'aucun n'a franchi. L'expérience comporte quelques variantes mais, dans l'ensemble, c'est toujours le même processus. Celui qui va quitter ce monde aperçoit plusieurs personnes venues l'accueillir - ses proches, la plupart du temps, déjà passés dans l'Au-delà, qui paraissent l'attendre, tout heureux de le recevoir. Ils ne lui parlent pas mais lui font signe de venir les rejoindre. Cette vision, ce contact, se produit même si l'on va revenir à la vie de la Terre. Etant le plus souvent près des vivants qu'ils aimaient - et pour cela il leur suffit d'y penser pour y être - ils ont vu le corps éthérique du malade perdre sa vitalité habituelle et en ont conclu que c'était "l'heure". Bien que les désincarnés voient le futur proche, en général ils ne connaissent pas la date du passage. Mais il peut y avoir des exceptions.

Après cette brève rencontre, c'est le panorama de la vie écoulée qui défile devant les yeux surpris et attentifs de l'arrivant. Tout devient présent, même les plus insignifiantes circonstances si elles ont un rapport avec sa responsabilité ou son évolution. Puis, il a l'impression d'être entraîné à grande vitesse dans un tunnel sombre ou une vallée encaissée. La vitesse est variable, mais il ne peut reculer. D'ailleurs, il n'éprouve ni angoisse, ni crainte, à ce moment-là. Au bout du tunnel, une grande lumière l'attend, lumière qui est une entité terriblement présente, mais pleine d'amour et de paix et à qui l'on ne peut rien dissimuler car elle sait déjà absolument tout ce qui nous concerne. En général, elle pose une question, simple mais fondamentale : *"Qu'as-tu fait de ta vie ?"* ou *"Montre-moi ce que tu as fait de bien"*.

Dans la plupart des cas, après un bref dialogue avec cet Etre de lumière, l'expérience s'arrête là et le candidat au trépas revient dans notre monde.

Mais la tradition ésotérique occidentale nous apprend la suite. Le mourant, déjà dans le coma de ce côté-ci de la vie, mais bien vivant et avec une conscience accrue, franchit une certaine limite, figurée symboliquement dans ce qu'il voit par un ruisseau, une rivière, un poteau ou autre. Il sait que, lorsqu'il l'aura franchie, il ne reviendra plus en arrière.

Lorsque le panorama de sa vie s'est bien imprimé sur ses corps subtils, il tombe dans une sorte d'inconscience qui peut durer de quelques jours à deux ou trois semaines, au cours de laquelle son aura, qui était ovoïde quand il était dans son corps physique, prend la forme de cet ancien corps. Après quoi, il s'éveille de cette inconscience et commence son Purgatoire. Il se trouve à ce moment-là dans le monde émotionnel.

Le panorama de sa vie se présente à nouveau devant ses yeux mais, alors qu'immédiatement après son passage il le regardait sans rien éprouver d'autre que surprise et curiosité, cette fois ce sont les occasions où il a mal agi qui se présentent à lui, en commençant par la fin de sa vie. Il ressent alors la peine ou le tort qu'il a fait à autrui, et cela d'une façon beaucoup plus aiguë qu'il ne l'aurait ressenti sur la terre où les vibrations lentes du corps physique atténuent considérablement leur acuité.

Dans le monde émotionnel, appelé encore le monde astral, dont les régions inférieures sont le Purgatoire et l'enfer, et les régions supérieures, le Ciel, les vibrations de tout ce qui compose ce monde sont beaucoup plus rapides et la douleur, comme la joie, y sont ressenties intensément. Le rêve n'est pas autre chose qu'une immersion nécessaire de nos corps subtils - corps éthérique, émotionnel et mental -

dans ce plan immédiatement supérieur au monde physique où notre corps éthérique, qui assurait toutes nos fonctions organiques, se recharge de vitalité pour la journée suivante.

Le monde émotionnel - l'astral - est extrêmement varié. *"On y voit des plaines, des montagnes, des collines et des rochers, séparés par des vallées. On y voit aussi de l'eau et les autres choses qui sont sur la Terre, mais elles sont d'origine spirituelle"(*).* On y trouve tout à la fois des choses réelles et permanentes et des images symboliques projetées par notre inconscient, qui nous renseignent sur nous-mêmes, pour qui sait les lire - et les travaux de Carl Jung sont très intéressants dans ce domaine - ou encore celles que des habitants de ce monde projettent pour nous instruire ou nous prévenir de quelque événement important. Mais ce qui nous concerne est infime par rapport à l'immensité de ce monde et par rapport à ce qui concerne les autres mondes des deux côtés de la vie.

Le panorama ne se déroule pas d'une façon uniforme, et la souffrance éprouvée à la prise de conscience de nos fautes ne l'est pas non plus. Chaque erreur et chaque faute sont revues dans leur entier ; de leur origine jusqu'à leurs conséquences, proches ou lointaines. L'être mesure la portée de son acte ou de ses paroles, prend conscience de sa responsabilité et, surtout, ressent la peine, la déception, l'humiliation ou le chagrin qu'en a éprouvé l'autre. Il le ressent d'une façon si aiguë que cette souffrance et ce regret

(*) - Swedenborg, *Le Ciel et l'Enfer, 1758*

s'imprimeront en lui d'une façon indélébile. Quand il reviendra sur la terre et que des circonstances analogues se présenteront, il aura tout oublié mais il saura d'instinct qu'il ne faut pas agir comme sa nature l'y entraîne. Ce qu'il aura souffert au Purgatoire se manifestera en lui comme voix de la conscience. Libre à lui de résister ou de se laisser aller. C'est l'éternel choix entre le bien et le mal auquel l'homme est confronté de multiples fois dans sa vie, le plus souvent dans les très petites occasions du quotidien où il lui est donné de s'améliorer peu à peu. S'il échoue et se laisse aller à son impulsion première, le même genre de circonstances se représentera encore et encore, dans cette vie ou dans la suivante jusqu'à ce qu'il ait choisi le bien.

La purgation est douloureuse car les remords sont cuisants. Mais l'enfer des régions inférieures du monde émotionnel est loin d'être éternel. L'ultime sanction pour les irréductibles est autre, non éternelle mais définitive. Nous en parlerons plus loin.

Lorsque toute la vie a été revue entièrement ainsi, avec prise de conscience des erreurs à ne pas renouveler, l'être, purifié, par la souffrance, de tout ce qui l'alourdissait, accède au premier Ciel, le Paradis aussi bien des chrétiens que des musulmans et des juifs. Là, il revoit à nouveau sa vie, mais dans ses aspects positifs. Toute action constructive, toute bonne pensée, tout plaisir fait à autrui - ne fût-ce qu'un simple sourire de sympathie ou d'encouragement - à plus forte raison quand il a aidé quelqu'un, quand il s'est oublié pour le plaisir, le bien-être des autres, tout cela lui est largement restitué. La reconnaissance, le plaisir, la joie de l'autre, c'est lui qui les ressent à présent, mais avec la même intensité qu'auparavant, au Purgatoire, il ressentait la douleur. Et ce bonheur constitue, pour chacun, le "bonheur du Ciel", proportionnel à ce qu'il aura fait de bien quand il était dans ce champ d'épreuves et d'expériences (au sens test) qu'est la Terre. La durée du séjour au premier Ciel dépend, évidemment, de la somme de bien fait au cours de la vie terrestre.

*

* *

La matière du monde émotionnel est beaucoup plus subtile que celle de notre monde qui est solide et demeure stable aussi longtemps que l'homme n'intervient pas avec ses outils et sa technologie pour la transformer. Si on laisse celle-ci en l'état, il n'y aura que l'érosion naturelle et le temps pour la faire disparaître. Donc, les formes qu'on trouve ici ne peuvent être modifiées que par un agent physique appartenant à ce monde. Leur nouvel état demeure permanent, aussi longtemps qu'on n'interviendra pas à nouveau.

Il n'en est pas de même pour les formes du monde invisible. Invisible parce que notre organe de la vision, issu lui-même de ce monde physique car créé par la lumière, est adapté à ce seul monde. Mais une autre vue existe qui permet de voir le monde spirituel. Seulement, elle ne se développe que dans la mesure où nos corps invisibles se spiritualisent par l'élévation de notre vie. Dans l'invisible, c'est à dire dans le monde émotionnel, ou monde astral, les formes se modifient constamment, avec la rapidité de la pensée, que celle-ci soit volontaire ou non, selon le mental qui les imagine, consciemment ou non. *"Vous songez à un palais, il s'édifie ; à un temple, vous pouvez y prier ; à un océan, il est possible d'y naviguer"... "Les occupations (celles de l'agrément comme celles de l'étude), les choses qui nous entourent, tout cela étant devenu spirituel, se déplace ou se transforme par l'effet de notre pensée... selon l'état de nos âmes, nous nous entourons de «réalités irréelles», s'il est possible d'ainsi dire, qui répondent à notre degré d'évolution"*. Mais il est aussi des formes permanentes et qui ne dépendent pas du mental des habitants de ce monde.

Parmi ceux qui y ont fait une incursion, certains parlent de prairies verdoyantes, d'espaces ensoleillés, de jardins pleins de fleurs merveilleuses, et d'autres, d'étendues désolées, de déserts arides. Les deux descriptions sont vraies car ce monde est immense, plus étendu que notre globe terrestre et, comme il est en rapport étroit avec la race humaine, ce qu'on y trouve reflète ce que sont les humains. Toutes les descriptions sincères qu'en peuvent donner, sans fabuler, ceux qui y sont allés, sont également vraies... Il ne dépend que de nous, de la droiture de notre vie, de nous trouver dans un endroit enchanteur lorsque nous quitterons cette vie.

*

* *

Quand un individu a terminé son purgatoire et passé le temps qu'il a mérité au premier Ciel, qui est la région supérieure du monde émotionnel, il abandonne son corps émotionnel (son aura) dont la substance retourne au monde émotionnel, comme la terre réabsorbe tous les corps physiques qu'on y ensevelit. Dépouillé de ses corps éthérique et émotionnel, il lui reste son corps mental, l'intellect, avec ses souvenirs et sa faculté de penser et de raisonner. Car l'homme est, fondamentalement esprit. Il pénètre alors dans le monde de la pensée, dont son corps mental est une partie individualisée. Mais ce que sera sa vie dans ce nouveau monde et ses activités, en rapport direct avec le processus de la réincarnation, n'est pas l'objet de cet ouvrage, car aucun des désincarnés qui attirent l'attention des terrestres ne provient de ce monde de la pensée qui est le deuxième Ciel. Pour information, on peut signaler qu'il existe encore un troisième Ciel, celui où avait eu accès l'apôtre Paul et dont il disait qu'il ne lui était pas permis de parler de ce qu'il y avait vu et entendu (*).

(*) - Cor. 12, 2-4.

Tous ces mondes s'interpénètrent et sont présents tout autour de nous, de même que, dans notre monde physique, nous avons en même temps des solides, des liquides, des gaz et les quatre éthers. Ces éléments diffèrent par la densité, mais les autres mondes diffèrent par leur niveau de conscience, qui est aussi une manière de densité.

Nous nous occuperons seulement ici du monde invisible le plus proche de notre monde matériel, d'où les divers phénomènes paranormaux observés ont leur origine.

III

Les citoyens de l'autre monde

Possibilités. Manifestations. Dangers

Dans ce monde invisible qui nous entoure et nous interpénètre, qui comprend la région éthérique du monde physique et le monde émotionnel, on trouve toutes sortes d'êtres : de nombreux animaux, des infra-humains comme les esprits de la nature, des humains désincarnés et des supra-humains comme les anges. Les animaux, en général, se réincarnent très rapidement. Ils appartiennent à une vague de vie inférieure d'un degré à la nôtre. Bien qu'individualisés physiquement, ils n'ont pas d'esprit individuel mais un esprit-groupe qui les dirige et prend soin d'eux depuis le monde émotionnel. C'est pourquoi, quand on en connaît un, on les connaît tous car tous ont le même comportement, les mêmes habitudes, s'accouplent à la même époque et savent exactement ce qu'il faut faire pour assurer la survie et la croissance de leurs petits, jusqu'à ce que ceux-ci puissent s'assumer à leur tour.

Lorsqu'ils meurent, ils restent dans leurs lieux familiers mais dans la région éthérique. Ils n'y demeurent pas longtemps. N'ayant qu'un corps émotionnel à l'état embryonnaire et ne connaissant ni le bien ni le mal, un séjour dans le monde émotionnel, avec son Purgatoire et son Ciel, serait sans objet dans leur cas. Les animaux supérieurs comme le chien, le cheval, l'éléphant, le dauphin, que leur intelligence rapproche de nous, ne se réincarneront jamais en êtres humains. Mais ils seront les pionniers, les chefs de leurs ethnies quand la vague de vie animale tout entière aura atteint le stade humain.

La région éthérique est pour les animaux un lieu d'attente d'une nouvelle incarnation, vraisemblablement à la prochaine saison des amours de leurs congénères vivant sur la Terre. Cependant, le cas des animaux de compagnie est un peu différent. En raison de l'affection et des soins dont ils ont été l'objet, leur corps émotionnel a subi un commencement de développement, ce qui leur donne un certain caractère personnel que n'a pas l'animal sauvage. Ils restent attachés aux lieux où ils vivaient et aux personnes qui les choyaient. Ne faisant guère de différence entre leur ancien et leur nouvel état, car eux aussi voient le monde matériel comme ils le voyaient avant leur mort, ils restent longtemps dans leur maison familière à dormir sur leur coussin habituel, voire sur les genoux de leur maîtresse quand, par exemple, celle-ci regarde la télévision. C'est parce qu'ils ne reçoivent plus de caresses, parce qu'on ne les appelle plus, qu'on ne leur parle plus, qu'on ne fait plus attention à eux, qu'ils finissent par se détacher de ceux qui semblent ne plus les aimer. Ils se rapprochent alors de leurs semblables, s'intègrent à nouveau au groupe et reviennent sur la Terre. Il peut arriver qu'ils s'incarnent à nouveau chez leurs anciens maîtres mais, en général, la déception de leur incompréhensible désaffection a rompu le lien qui les aurait orientés vers eux. Ce séjour prolongé dans la région éthérique concerne surtout les chiens, dont on connaît la fidélité à toute épreuve. Il peut durer plusieurs années malgré l'indifférence apparente de leurs anciens maîtres. Toutefois, lorsque l'animal est plus attaché aux lieux qu'aux maîtres, comme c'est parfois le cas avec les chats, ce lien qui persiste peut les ramener là où ils ont toujours vécu et n'ont pas cessé d'être. L'histoire suivante peut en être une illustration.

Un jour, des amis nous amenèrent un chat perdu, un superbe chat roux, très affectueux, très ronronnant. Lorsque la vieille chatte que nous avions déjà le vit, elle fut prise d'une telle panique qu'elle grimpa en flèche se réfugier dans l'endroit le plus éloigné possible de cet intrus redoutable, une tour de notre maison provençale où nous allions rarement. Elle y resta trois ans, sans jamais vouloir redescendre. Et si nous l'y obligions, en la prenant dans nos bras, elle y remontait prestement avec la même terreur que le premier jour. Il y avait dans cette tour un lit rustique couvert d'une bonne couette où elle s'enfouissait l'hiver et se prélassait le reste du temps. Comme elle ne descendait même pas pour s'alimenter, c'est nous qui, trois fois par jour, lui montions sa nourriture. Elle y finit doucement sa petite vie.

Deux ans après, le beau chat roux ayant disparu à son tour, emporté par une pneumonie, une amie nous apporta une jeune chatte en guise de consolation.

A l'ouverture du panier, nous nous attendions à ce qu'elle procède avec circonspection à l'examen des lieux, comme tout chat apporté dans une maison inconnue. Mais cette chatte, après un bref coup d'œil sur l'environnement, enfila tranquillement les pièces du rez-de-chaussée, sans regarder ni à gauche ni à droite, comme un animal qui connaît les lieux et sait où il va. Elle monta tout aussi tranquillement l'escalier. Puis, sans s'arrêter, trouva sans hésitation l'escalier de la tour qui n'était pas visible, alors que, sur le palier, il y avait, en face d'elle, une porte ouverte où elle aurait pu s'engager, étant donné la curiosité naturelle des chats et surtout des chattes. Et nous la retrouvâmes sur la couette, à la place habituelle de l'ancienne chatte.

Il ne nous fut pas difficile, en la prenant dans nos bras et avec force caresses, de la convaincre de redescendre car il n'y avait pas d'autre chat chez nous. Dans les jours qui suivirent, et bien que la maison fût vaste, elle n'explora aucunement les lieux. Visiblement, elle les connaissait. Elle était chez elle. Pour nous, il était évident que cette chatte était la réincarnation de l'autre. Nous avons eu de nombreux chiens et chats. Jusqu'à cinq chiens et trois chats ensemble. Nous en avons perdu beaucoup, mais ce cas fut unique. Cependant, un détail nous laissait un doute : l'ancienne chatte raffolait du poisson, la nouvelle n'y accordait qu'une attention modérée. Mais il se peut qu'étant passée, pour renaître, par de nouveaux géniteurs, ses goûts en aient été quelque peu modifiés. Quoi qu'il en soit, s'il n'y a pas eu réincarnation du même animal, sa connaissance évidente des lieux reste, pour nous, sans explication.

Les anges n'appartiennent pas à notre vague de vie car ils ont commencé leur évolution un Jour de manifestation avant le nôtre. Leur action sur l'homme est toujours positive. Aussi, nous n'en parlerons pas car nous n'avons rien à redouter d'eux. Il n'en est pas de même de certains humains passés dans l'invisible.

Dans le monde émotionnel où se situent le Purgatoire et l'enfer, se tiennent ceux qui ont quitté la terre, à des degrés divers de purification, des niveaux de conscience très différents et pour des durées de séjour extrêmement variables. *«Dans les régions les plus primaires se trouvent beaucoup d'âmes égoïstes et vindicatives»*.

Il y a ceux qui font normalement leur Purgatoire et qui reviennent vers leurs lieux familiers, au cours de périodes de relâche entre les moments où ils revivent les situations et les actes de leur vie passée. Ils partagent la vie de ceux qui sont sur la terre, dans leurs maisons, leurs villes, leurs lieux d'activité ou de détente, s'intéressant à ce qu'ils font, ou ne s'y intéressant pas du tout. Ils ne se manifestent jamais à nous, sachant qu'ils n'en ont pas le droit et d'ailleurs n'en ont aucune envie. Car c'est bien assez d'avoir à revivre et à expier ses fautes, sans s'exposer, en plus, à se retrouver aussitôt entraîné dans le bas-astral avec les transgresseurs graves et plutôt agressifs ; leur nouvelle vie les occupe suffisamment. Mais, à la vue spirituelle, on pourrait voir tout aussi bien un individu debout dans un coin de notre salon en train de nous observer, qu'un autre traverser notre chambre et poursuivre tranquillement son chemin dans le mur comme s'il pénétrait dans un nuage, sans nous avoir seulement honoré d'un coup d'œil. Ils stationnent ou errent parmi nous, les uns dans une grande détresse, absorbés en eux-mêmes et n'ayant pas conscience de ce qui les entoure ; les autres, apaisés et communiquant avec d'autres désincarnés dans la même situation. Généralement, dans cet état de Purgatoire, chacun est seul, même si l'on peut voir plusieurs personnes au même endroit. Le fait de revivre complètement les scènes de leur vie accapare toute leur attention et les rend inconscients de la présence des autres. Pendant les périodes de relâche, ils prennent conscience de leur environnement et des êtres qui le peuplent. Mais leur curiosité pour nous est à éclipses et dépend beaucoup de ce qui les intéressait sur la terre.

Par ailleurs, la révélation de l'amour qui est partout autour d'eux les pousse très vite à s'investir au service de

Dieu. Leur principale occupation alors est d'essayer de mettre la paix et la bonne volonté entre les terrestres et de les encourager au bien par leurs suggestions patientes, chaque fois que celles-ci peuvent trouver un écho. Ainsi, tout en poursuivant leur Purgatoire, ils deviennent des serviteurs de Dieu. *"Notre existence est une existence normale, humaine, faite de grands devoirs et de petits détails, comme lorsque nous vivions dans la chair"*.

Il y a aussi ceux qui, au cours de leur vie terrestre, ne ressentaient aucun attrait pour les choses spirituelles, ceux pour lesquels vivre c'était déjà bien manger, gagner de l'argent, en mettre de côté le plus possible et acquérir des biens, avec lesquels ils se haussaient dans l'échelle sociale - ce qui constituait, pour eux, une satisfaction de tous les instants par rapport à leur voisinage et à leur commune, surtout si elle était petite. Ils vivaient, de fait, une existence d'animal supérieur, préoccupés des seules considérations matérielles et dont le bonheur c'était d'avoir, en plus de quelques bons copains, l'amour d'une femme agréable, les déchargeant du train-train indispensable de la vie quotidienne. Bien qu'ils passent par des moments pénibles où ils prennent conscience du mal qu'ils ont pu faire, ça et là, par égoïsme, mesquinerie, méchanceté, malhonnêteté, désir de vengeance ou autre, ils retombent vite dans leur mode habituel de pensée, lequel est aussi limité dans ce nouvel état qu'il l'était sur la terre et, par le simple désir qu'ils en ont, ils vivent dans un environnement semblable à celui qu'ils avaient et s'y occupent à ce qui était leurs activités habituelles, celles qu'ils préféraient : jouer aux cartes, aller à la pêche, etc. Il leur arrive aussi de regarder notre télévision. Ils sont restés tellement matériels de par leurs préoccupations qu'aucun doute ne les effleure qu'il pourrait y avoir autre chose sur le plan où ils se trouvent et restent comme collés à la Terre.

La caractéristique de ce monde émotionnel ou astral est l'extrême plasticité de sa matière que la simple pensée, même à l'insu de l'individu, peut instantanément modifier, si l'image qu'il s'en fait est suffisamment nette et précise. *"Nous nous faisons ici l'existence que nous voulons"*. C'est pourquoi il existe toutes sortes de créations, à la fois tangibles et impermanentes, dans ce monde, car une foule de gens, en repensant à leur ancienne vie, recréent le milieu dans lequel elle s'est déroulée. Trop peu évolués pour percevoir le monde astral, ils voient seulement la Terre, mais ils n'y font pas plus attention qu'aux affaires de leurs voisins quand ils étaient dans leur corps physique. Cependant, s'ils poursuivent une vie toute semblable à celle qu'ils avaient, avec les mêmes désirs, les mêmes plaisirs, ils ont quand même conscience que ceux-ci ne sont pas réellement satisfaits. Ainsi, ceux qui hantent les cafés se mêlent à ceux qui boivent, respirent leur haleine, arrivent même à pénétrer dans les vins et les liqueurs, mais ils n'en retirent qu'une satisfaction mentale de souvenir. Aussi, à force de ne pas ressentir ce qu'ils en attendent, ils finissent par s'en détourner et, n'ayant plus rien de bon à vivre, ils s'interrogent enfin sur la possibilité qu'il y ait autre chose. Mais cela demande longtemps, tant la puissance de création de la pensée sur ce plan les maintient dans l'illusion et retarde le moment de commencer leur purgatoire.

Tant que notre monde reste, pour ceux qui l'ont quitté, le principal centre d'intérêt, ils voient les choses et les gens très clairement et sont les spectateurs de notre vie. Quand cet intérêt finit par fléchir - par manque de satisfactions véritables - ils le regardent moins. Leur vie antérieure leur revient avec ses erreurs et ses culpabilités. Alors les choses de la Terre s'estompent et les êtres qui l'habitent ne sont plus perçus que par leurs auras. Ils prennent conscience du monde émotionnel qui se révèle et plus particulièrement de la région du Purgatoire où ils se trouvent et qui correspond à ce qu'ils sont.

Certains restent très, très longtemps dans cet état intermédiaire, près de la terre, ne voyant qu'elle et essayant de continuer à vivre la vie qu'ils avaient quand ils y étaient. Mais il est vrai qu'ils ont à peine conscience d'être passés dans un autre monde, tant la vie qui continue comme elle était ne correspond pas du tout à ce qu'on leur avait enseigné à l'église. "*La plupart de ceux qui arrivent du monde sont dans le plus grand étonnement... en voyant qu'ils vivent, qu'ils sont des hommes comme auparavant, qu'ils voient, entendent et parlent, que leur corps jouit du toucher, en un mot qu'il n'y a aucune différence.*

Mais ils ne sont pas dans l'étonnement uniquement en ce qui les concerne, ils sont également surpris de consta-

ter que, dans l'église sur terre, on ne sait rien de l'état de l'homme après la mort. Ils se demandent aussi pourquoi cette vérité n'a pas été manifestée à l'homme par des visions, puisqu'elle est un point essentiel de la foi de l'église. Il leur fut dit du ciel que cela aurait pu être fait, car rien n'est plus facile au Seigneur, mais que jamais ceux qui se sont confirmés dans les faux contre les vrais ne croiraient, quand bien même ils verraient eux-mêmes" (*).

Il est notoire que rien ne peut convaincre les incroyants. *"Ils ont des yeux et ils ne voient pas"*. L'existence de Dieu et sa manifestation permanente dans la Création, si évidentes pour le croyant, leur sont complètement fermées, quelque démonstration qu'on essaie de leur en faire, par exemple par le nombre de questions sur la vie, l'univers et l'homme lui-même qui, si Dieu n'existe pas, restent sans réponses. Le Christ avait déjà parlé de ce problème et répondu dans le même sens, dans la parabole du mauvais riche et du pauvre Lazare (Lc 16, 31) : *"S'ils n'écoutent pas Moïse et les prophètes, ils ne se laisseront pas persuader, quand bien même quelqu'un des morts ressusciterait"*. Et, de nos jours, ils ont les paroles mêmes du Christ dans les Evangiles pour les faire réfléchir et les éclairer. Mais ils n'ont aucune envie de les connaître et ne s'en soucient même pas.

Ces nouveaux venus étaient plutôt inquiets sur ce qu'ils

(*) - Swedenborg, *Le ciel et l'Enfer, 1758*

allaient trouver de l'autre côté, mais ne s'attendaient absolument pas à une vie semblable pour l'environnement et les occupations à celle qu'ils quittaient. Ils en acceptent donc les anomalies qu'ils sont bien obligés de constater mais sans se poser plus de questions qu'ils ne s'en posaient sur la Terre. Quelquefois, ils voient un petit groupe essayer d'entrer en communication avec eux et s'approchent pour y prendre y part. Ne les ayant pas sollicités eux-mêmes, ils ne croient pas mal faire. Ces trépassés-là ne sont pas redoutables car ils ne font que s'y intéresser un temps. Et comme les questions des participants les embarrassent plutôt, vu qu'ils ne sauraient les renseigner, eux-mêmes ne sachant rien, le jeu cesse de les intéresser et ils s'éloignent.

Il en est d'autres, plus intelligents et plus ouverts qui ne résistent pas au plaisir de s'amuser un peu aux dépens d'une assistance avide de savoir ce qu'il y a après la mort ou dans l'avenir. Ils se font quelquefois passer pour de grands hommes de l'Histoire et se divertissent d'impressionner l'auditoire. Ils font des prédictions ou donnent des consignes farfelues, que les terrestres recueillent avec la plus grande considération, ce qui les fait bien rire. Ils peuvent aussi, par malice, les inquiéter ou les effrayer par l'annonce de quelque événement néfaste et s'en amusent tout autant, sans se soucier le moins du monde du mal qu'ils font auprès de personnes anxieuses ou fragiles mentalement, de la même façon que certains, sur la Terre, rient du malheur des autres, si celui-ci peut comporter un élément comique, comme dans le cas classique du mari trompé ou du bègue qui n'arrive pas à dire ce qu'il veut. Dans une assemblée raffinée, ils se régalent d'émettre tout d'un coup, une grosse incongruité.

Ceux-là, non plus, ne sont pas dangereux. D'ailleurs, les assistants, déconcertés par leurs réponses baroques, et aussi par le fait qu'ils n'obtiennent aucun renseignement valable sur ce qui les intéresse, c'est à dire sur le monde invisible, délaissent ce moyen décevant d'information. Beaucoup ont participé à des séances impressionnantes de spiritisme qui n'en ont plus fait cas.

Il faut signaler aussi à qui sont dus certains comportements insolites dont sont victimes, parfois, les amateurs de spiritisme, et particulièrement les dames : on leur verse de l'eau dans le cou, on les décoiffe, on leur tire les cheveux et autres joyeusetés de même ordre. Ces facéties sont l'œuvre d'élémentaux - une catégorie d'êtres infra-humains qui assurent diverses fonctions dans la nature. En général, ils craignent l'homme et ne s'en approchent pas, car sa volonté leur est particulièrement contraignante, ils ne peuvent s'y opposer. Ce sont eux, d'ailleurs, que le magicien noir utilise pour accomplir ses abominables besognes. Mais quelquefois, quand ils se sentent protégés par les dispositions attentives et même respectueuses des hommes, comme dans le cas des tables tournantes, alors ils ne résistent pas au plaisir de s'amuser un peu, car ils n'ont pas plus de raison qu'un enfant de six ans.

Toutefois, il ne faudrait pas croire que ces séances soient sans danger. Un risque existe qui n'est pas négligeable. Celui de laisser pénétrer son aura par un esprit malfaisant. Celui-ci se montrera toute bienveillance et tout soutien aussi longtemps qu'il n'y sera pas installé solidement. Une fois maître de la place, il ne résistera pas au plaisir pervers de tourmenter sa victime, laquelle sera dans l'impossibilité de se dégager de son emprise. Il n'y aurait plus, pour elle, que le recours à l'exorcisme. *"Aujourd'hui... de plus en plus nombreux sont les gens qui se disent possédés, endiablés... Les prêtres exorcistes avaient disparu, c'est vrai. Et puis... la demande est devenue telle que les évêques, bien embarrassés il faut le dire, ont été forcés de nommer des exorcistes à tour de bras ! Et ils ne chôment pas"(*).* Mais un exorciseur efficace ne se trouve pas aussi aisément.

De toute façon et dans tous les cas, interroger les esprits au moyen de tables, guéridons et soucoupes, ou par la planchette et l'écriture automatique, ou encore en étant attentif aux coups portés dans les meubles en guise de réponse, est toujours une démarche pleine de périls. Parce qu'on ne voit pas qui répond. Et si on le voyait, peut-être se sauverait-on à toutes jambes ! Car il peut s'agir de ces désincarnés condamnés à la désintégration finale - nous en parlerons plus loin - qui ne lâcheraient plus leur proie, ni dans ce monde, ni dans l'autre !

(*) - François Dunois Canette, *op. cit.*

Ces réunions, et tout autre contact avec l'invisible, sont à fuir par ceux dont l'aura présente un point de faiblesse, une sorte de porte par où ce genre d'entités peut pénétrer les corps subtils d'un terrestre et s'y maintenir fermement. Cette brèche, si l'on peut dire, est visible dans le thème astrologique. Chez certains, la position des planètes spirituelles et leurs afflictions sont telles qu'un jour ou l'autre, ils seront exposés à ce péril. Mais s'ils fuient systématiquement, pour se protéger, l'occasion qui ne manquera pas de se présenter, une ou plusieurs fois, de s'intéresser de près aux phénomènes de l'invisible, non seulement il ne leur arrivera rien, mais encore ils auront brisé l'effet automatique de la loi des Conséquences qui les avait amenés à ces contacts, en raison de leurs pratiques de magie noire dans une ou plusieurs vies antérieures. Car rien n'arrive à l'homme qu'il ne l'ait mérité, en bien comme en mal : *"Ce que l'homme a semé, il le récoltera aussi"* (Gal. 6,7). Les conditions de notre vie présente sont très exactement déterminées par nos pensées, nos sentiments et nos actes antérieurs, comme le sera notre prochaine vie par nos pensées, nos sentiments et nos actes actuels. Ceux qui ne connaissent pas leur thème et le danger éventuel auquel ils s'exposeraient de ramener un démon de ces séances où ils croiraient seulement s'informer, ne pourraient plus s'en dégager.

La communication entre les deux mondes n'est pas dans l'ordre des choses. Chaque monde a ses lois et sa finalité, lesquelles sont spécifiquement adaptées aux êtres qui l'habitent et ont à accomplir la vie qu'ils y mènent, en fonction de cette finalité. Chez les Hébreux déjà, l'évocation des disparus était punie de mort. Yaweh, l'Eternel, ne plaisantait pas avec cette interdiction : *"Tu ne laisseras pas vivre la magicienne"*. Et quand Saül vint, de nuit, incognito, voir la femme qui évoquait les morts pour savoir de Samuel, le prophète disparu, l'issue de la bataille prochaine, elle crut bien qu'il allait la faire mourir.

C'est qu'il existe, de l'autre côté, une loi écrite nulle part, informulée, mais dont chacun a conscience d'une façon si claire et si absolue que personne n'oserait la transgresser. En effet, ceux qui ont terminé leur vie ici ont à réfléchir sur ce qu'ils ont fait du temps qui leur était imparti et sur leurs actes. Et toute leur réflexion, pendant de nombreuses années, avec l'aide pénible mais salutaire du Purgatoire, ainsi que leur activité, auront pour objet les résultats de cette vie et la préparation de la vie suivante où ils devront réparer leurs torts et ne plus faire les mêmes erreurs, mais acquérir, au contraire, la qualité d'âme qui les en détournera définitivement, c'est-à-dire progresser.

L'interdiction de communiquer avec ceux de la terre est la même que, pour nous, celle de nous suicider. Mais nous ne la ressentons qu'obscurément et avons besoin de recourir à la formulation mentale de lâcheté devant la vie pour la renforcer et nous retenir dans les cas de profond désespoir. Car le suicide est réellement une grande faute. C'est vouloir esquiver la vie pénible méritée par ses comportements antérieurs. C'est refuser d'assumer ses responsabilités et les conséquences de ses actes. C'est vouloir sortir du plan divin de l'évolution générale qui fait avancer, lentement mais sûrement, toute l'humanité. C'est contrecarrer les plans de Dieu en y interposant sa volonté, en enfant rebelle qui ne voit pas où est son bien et ne veut pas apprendre ses leçons. C'est donc, en définitive, s'opposer à Dieu. Et cela, c'est très grave.

Qui n'a pas, un jour, désiré mourir pour échapper à la souffrance ? Il est rare que l'être humain, une fois dans sa vie, n'ait pas eu cette tentation. Beaucoup y ont même donné un commencement de réalisation en réfléchissant au moyen le plus sûr et le moins douloureux d'en finir. Quelques-uns ont même été jusqu'à choisir le jour, le moment, et mis leurs affaires en ordre avec, ou non, une lettre d'adieu.

Et puis, finalement, très peu sont passés à l'acte. La plupart se sont contentés d'en imaginer les détails et les conséquences, puis ont trouvé qu'après tout la vie n'était pas si mauvaise et qu'il y aurait peut-être moyen de sortir autrement de la situation.

Il faut savoir aussi que le suicide pour rejoindre l'être aimé, qui vient de partir, réserve une cruelle déception. Alors que celui-ci vit le processus post-mortem normal, le suicidé s'en trouve séparé et dans l'impossibilité de le rejoindre ou même de l'apercevoir, car la région où il se trouve est sans connexion avec celle où se trouve celui qui est passé de l'autre côté de façon naturelle. Par son geste, il n'a fait qu'ajouter une souffrance particulièrement pénible à la douleur morale de la séparation. Ceux qui se suicident ensemble sont tellement absorbés par cette souffrance nouvelle que l'amour qui les liait sur la terre a peu de chances de les aider, ni même de se maintenir.

Heureusement, de l'autre côté, de nombreuses entités veillent sur les hommes, et ces bonnes forces, au service de Dieu, unissent leurs efforts pour les détourner de l'irréparable, les raisonnant et les encourageant dans le monde émotionnel pendant leur sommeil. La plupart se rendent inconsciemment à leurs raisons, se réveillant moins déterminés que la veille, avec déjà un peu d'espoir que les choses s'arrangent. De plus, ces bonnes forces voudraient absolument éviter au désespéré qui croit échapper à sa souffrance, le tourment encore plus pénible et torturant qui serait le sien jusqu'au jour où sa vie terrestre se serait normalement terminée.

Il faut savoir qu'on n'est jamais seul avec ses peines. Il y a toujours, au moins, un être compatissant, et souvent plusieurs, pour tenter de nous consoler en nous suggérant la façon juste de voir les choses. Car reconnaître où est le bien dans une situation donnée est déjà un apaisement.

Par ailleurs, si les trépassés avaient le droit de se manifester, ceux qui poursuivent leur destin dans ce monde n'auraient plus la paix. Ils seraient constamment distraits, dérangés, influencés ou contrecarrés par ceux des leurs, ou même par des étrangers, qui voudraient leur imposer leur volonté. D'autres interviendraient sans cesse pour donner un avis qu'on ne leur demande pas ou continueraient, par exemple, à faire souffrir les faibles qu'ils ont opprimé toute leur vie. Les amants séparés poursuivraient leurs tendres échanges, détournant, sans le vouloir, celui qui est encore sur Terre de la vie qu'il a à assumer. Les conflits n'auraient plus de fin, alors que le départ de l'un libère au moins l'autre de sa détestable présence. De même, lorsque deux personnes ont un compte à régler, lequel n'est pas forcément de haine ou de rancune, mais par exemple une obligation à laquelle l'autre se sera soustrait, par égoïsme la plupart du temps car certains devoirs sont bien lourds, le temps qui leur est imparti appartient à cette vie. Si son règlement, n'est pas intervenu, l'occasion de le faire n'a pas à continuer indéfiniment. L'arrêt de la vie de l'un en reporte la clarification à une vie ultérieure, car lorsqu'une situation doit être redressée, un problème résolu dans le sens du bien, on se réincarne ensemble mais dans des rapports sociaux ou de parenté différents.

De même que ceux de l'autre monde ont la possibilité de nous parler mais s'en abstiennent, ils peuvent aussi intervenir dans le nôtre à leur gré mais ne le font pas : *"Nous pouvons aussi déplacer des objets... Nous n'avons que rarement le droit de le faire"*. Heureusement ! Quelle épouvantable confusion ce serait pour nous, si nos objets disparaissaient sous nos yeux au moment où nous en avons besoin et réapparaissaient plus loin, ou se mettaient à planer dans les airs, ou encore si l'on ne pouvait se soustraire à un tintamarre orchestré dans l'invisible et sur lequel nous serions sans pouvoir ! Mais la Création est l'ordre, non le désordre. Dans notre monde, la matière est stable et permanente ; elle obéit à des lois physiques immuables. Nous perdrions notre équilibre mental et psychique si ces lois étaient sans cesse remises en question par l'interférence des lois physiques différentes de l'autre monde, aux effets imprévisibles et incontrôlables.

Des êtres qui s'aiment et que la mort sépare, il y en a des milliers à travers le monde, et qui se lamentent, et qui appellent sans fin le disparu. Si celui-ci était libre de répondre, il ne s'en priverait pas ! Et ces mères, désespérées de laisser ici leurs enfants en bas âge, n'interviendraient-elles pas pour les consoler et les conseiller quand ils sont victimes d'autres enfants méchants, ou quand elles les voient suivre avec confiance un sale individu ? Pourtant, elles sont là, ces mères, toujours près de leurs enfants, mais contraintes, malgré leur douleur d'accepter leur destin. Elles ne savent souvent rien de la loi des Conséquences qui fait que chacun récolte ce qu'il a semé. Mais elles savent, de façon impérative, qu'elles ne doivent pas intervenir. Il arrive, cependant, que dans un cas de grand péril, certaines le font, l'amour maternel l'emportant sur toute autre considération. Il n'en reste pas moins que cet interdit est ressenti par tous avec une telle évidence que, quel que soit le lien qui puisse les unir à une autre personne, ils savent qu'il faut les laisser vivre leur vie, quoi qu'il doive arriver. Nous ne pourrions, nous les terrestres, nous empêcher de réagir devant un péril ou un acte odieux. C'est pourquoi, aucun de nous n'est jamais présent pour empêcher un crime abominable, ou s'il l'est, c'est en position d'incapacité. Quand nous y sommes et qu'on y fait échec, c'est que la victime avait seulement besoin d'une salutaire leçon.

L'interdiction de communiquer avec ceux de la terre explique pourquoi les amis et les parents déjà passés de l'autre côté et qui attendent celui qu'ils croient sur le point de venir les rejoindre, ne lui parlent pas. Ils se contentent de lui faire signe. Quelquefois, un ami ou un parent se tient tellement près de lui que sa présence est perçue comme une présence matérielle. Mais il a beau lui parler, lui dire qu'il sait qui il est, l'autre ne répond pas, comme s'il n'entendait pas. Ce qui intrigue beaucoup celui qui vit cette expérience.

La grande loi de la vie est celle de la liberté de l'homme, car c'est la condition de son évolution. Il doit choisir le bien gratuitement, pour le bien, sans penser à son intérêt personnel. C'est ainsi que, lentement, l'individu s'améliore. La perspective d'un châtiment final n'est là que pour lui rappeler d'avoir à marcher droit, même s'il n'en comprend pas le pourquoi. L'existence d'un enfer pour les fautes très graves ne lui a été révélée que pour l'y aider. Seulement, l'être humain est si léger, si oublieux, si incapable de se projeter dans l'avenir que cette menace n'a jamais fait reculer les grands criminels. Les petits pécheurs non plus. Mais le Ciel ne peut rien faire de plus que ce qu'il a déjà fait. Il a donné des commandements pour que les hommes sachent, dans les grandes lignes, ce qui est bien et ce qui ne l'est pas. Car ils ont une tendance naturelle à trouver bien ce qui leur convient et mal ce qui les gêne, sans considération des incidences éventuelles sur leurs frères, les autres hommes. Le Christ a racheté leur fardeau de fautes accumulées pour leur permettre un nouveau départ dans le plan de l'évolution générale de notre vague de vie. Dieu ne peut rien faire de plus. Précisément, en raison de cette liberté de l'homme. Celui-ci doit retrouver seul sa nature divine et revenir de lui-même, par ses efforts, à la maison du Père. Il en est loin, mais ce n'en est pas moins le but final.

«L'évolution, au point où elle nous est parvenue, reste séparée du but à atteindre par des progrès nécessaires bien plus considérables encore que le résultat obtenu depuis l'origine de la race».

*

*　　*

Le cas des esprits qui se manifestent dans les tables frappeuses et baladeuses est différent. Pour une part, il s'agit d'êtres si peu évolués qu'ils restent constamment très près de la terre. D'eux-mêmes, ils ne se manifesteraient pas car, comme tous, ils savent qu'il ne le faut pas. Mais s'ils sont sollicités, notamment par le petit cercle attentif réuni pour attendre leur manifestation, ils cèdent facilement à la tentation, leur responsabilité se trouvant dégagée. Si, par jeu, ils se font volontiers passer pour un proche ou pour quelque grand personnage, ils sont toujours très évasifs quand il s'agit de leur véritable personnalité. Paul Misraki, dans *L'expérience de l'Après-Vie* rapporte un échange obtenu par l'écriture automatique avec un trépassé, très malheureux de ce qu'on veuille le forcer à donner des détails précis sur son identité à fin de vérification. Il ne sait comment échapper à cette inquisition, temporise lamentablement avec des mensonges puis finit par dire qu'e ceux-ci lui ont été imposés par "plus fort que lui". Pourtant, quand il s'était manifesté, il avait dit, d'entrée de jeu, qu'il le faisait avec "des permissions particulières" De même, au temps où l'auteur utilisait, en toute ignorance, ses facultés de médium, elle ne comprenait pas pourquoi les désincarnés qui parlaient si volontiers de leur ancienne vie et de la façon dont ils avaient fait le "passage", se dérobaient quand il s'agissait de donner leur nom, leur date de décès, ou le lieu de leur inhumation, tous éléments qui auraient permis une vérification convaincante. *"Nous ne devons pas vous donner de preuves indubitables de notre survie".*

Ceux qui sont sortis de ce monde n'ont plus à s'en occuper et, d'ailleurs, il ne les intéresse pas vraiment, bien qu'ils continuent de fréquenter les maisons et les lieux qui leur étaient familiers - pas plus qu'on ne revoit les matières d'un examen lorsque celui-ci est passé, qu'il ait été un succès ou un échec. Ils sont sortis de l'arène, n'ont plus rien à y faire et ils le savent. Car ce monde-ci est réellement un champ d'épreuves où de nombreuses occasions nous sont offertes de bien ou de mal agir, de choisir le "pour soi" au détriment du bien de l'autre, de vouloir ce qui est juste au lieu d'une injustice dont on profiterait. Toutes ces circonstances sont des occasions de petits progrès vers la lointaine perfection divine.

Mais pourquoi cette obligation de perfection ? Qu'en avons-nous à faire ? La courte vue de l'homme et le sens de la brièveté de son existence l'induisent à ne voir dans cette perfection qu'une pieuse prêcherie des églises, mais rien de réaliste, ni seulement de raisonnable. Parce que la grande majorité de l'humanité ignore que le destin de l'homme est de devenir un dieu comme le Dieu dont il est issu et fait partie, de la même manière que les milliards de cellules de notre corps physique constituent notre être mais n'en ont aucunement conscience. Pourtant, le Christ a bien dit : *"Soyez parfaits comme votre Père céleste est parfait"*. Mais, amputé de son contexte de connaissance, cela a été perçu comme un simple encouragement à bien faire, étant donné que dès les premiers siècles, son enseignement s'est perdu, car les hommes étaient incapables de l'intégrer, préférant s'en tenir à la lettre plutôt qu'en vivre l'esprit.

C'est la projection hors de lui-même de myriades d'étincelles divines dans une matière de moins en moins subtile, puis de plus en plus dense jusqu'à celle de notre corps physique actuel, qui constitue la multitude des individualités de notre humanité. Le destin de chacune de ces individualités est de se dégager de son animalité, puis de son égocentrisme, et enfin, de faire croître en elle cette étincelle de divinité en conscience de soi, au contact des multiples circonstances de la vie quotidienne.

La vie est un test permanent dans l'optique de cette finalité. Elle présente une série de choix, dont l'individu n'a pas conscience le plus souvent. Il suit son penchant intérieur avec, quelquefois, une hésitation qui lui fait choisir ce qui lui paraît bien.

Dans le cas précis où son intérêt est en jeu, son moi inférieur le pousse à choisir ce qui l'arrange ou lui fait plaisir, même si cela doit porter tort à quelqu'un, ou le léser, ou le décevoir s'il convoite la même chose, ou simplement lui faire de la peine. Quelquefois, il sent que ce ne serait pas bien, il hésite. Mais le "pour soi" est si fort que, finalement, il passe outre à cette hésitation, se trouve de bonnes excuses et s'empresse d'oublier le petit malaise intérieur qu'il a ressenti. Cette hésitation, ce petit malaise, c'est le sens du bien qui est nous, notre étincelle divine.

Nous conformer chaque fois à ce que nous indique cette petite hésitation serait idéal, mais irréaliste. Beaucoup ne commencent à l'écouter que tard dans leur vie, après avoir constamment choisi ce qui leur convenait, sans souci des autres, et rapidement oublié le petit malaise. Mais, à la longue, celui-ci s'installe dans le subconscient et finit par révéler sa présence et par pousser l'être à se blâmer et à réfléchir sur ses actes . A partir de ce moment, il reprend sa progression.

*

* *

Aussi coupable qu'un homme ait pu être, aussi dur, aussi impitoyable, aussi méchant, aussi égoïste, même aussi cruel qu'il ait été, s'il reste en lui quelque chose de bon, il aura toujours l'occasion de faire une bonne action, ne fût-ce qu'un bref coup de main à une vieille femme. Son Purgatoire sera, évidemment, très long et particulièrement pénible, car il lui faudra ressentir, à la puissance trois si l'on peut dire, le mal qu'il aura infligé aux autres. Ses vies ultérieures seront douloureuses car le mal commis engendre des circonstances semblables, mais où les rôles sont inversés : c'est lui qui aura à subir et éprouver ce qu'il a fait aux autres. Cependant, il aura toujours une chance d'avancer, de s'améliorer car, entre ses vies, au Purgatoire, il se sera bien pénétré de la nécessité de ne plus recommencer, de ce qu'il ne faut plus faire. Ce genre de "pécheur", d'ailleurs, reçoit beaucoup d'aide au cours de sa vie terrestre, car c'est une âme faible qui retomberait facilement dans l'attrait du mal. *"Une âme sincère dans son désir de progrès sera entourée"... "Les personnes qui se perdent..., il a fallu qu'elles repoussent des milliers de bonnes inspirations que le Bon Dieu a envoyées"* dit la religieuse. Il en est ainsi, en effet, car *"Dieu ne veut pas la mort du pécheur"*.

Cependant, si au lieu de faire un petit effort dans chaque circonstance où il aurait fallu choisir le bien, c'est à dire agir correctement, avec compréhension mais au prix d'un petit renoncement, il s'est laissé aller à la facilité de son mauvais penchant naturel, s'il a refusé toute occasion de bien agir, s'il a persévéré dans sa négativité, son égoïsme délibéré, son plaisir de faire le mal, son insensibilité à la peine d'autrui, alors il ne peut plus revenir vers le bien et cela de par sa propre volonté. L'étincelle divine lui sera retirée et il sera voué à la désintégration - ce qui est la seconde mort, celle-là irrémédiable et définitive.

Néanmoins, s'il n'a plus cette étincelle divine - son Ego - sa personnalité reste entière. Le mal accumulé l'a faite puissante. Son impitoyable égoïsme, son intelligence, son cynisme et sa ruse la rendent extrêmement dangereuse. Car, pour échapper à cette terrible condamnation - lui seul étant condamné à disparaître alors que pour tous les autres, autour de lui, ce sera toujours la vie dans la perspective d'une évolution constante - il se met à chercher parmi ceux qui sont sur la Terre et ignorent tout de la vie dans l'Au-delà, une victime assez inconsciente, assez naïve ou assez téméraire pour écouter favorablement ses belles paroles et croire à sa haute évolution, alors qu'il ne songe qu'à la meilleure façon de s'approprier ses corps subtils au moment du passage pour continuer à vivre, à vivre encore un peu. Il profitera de la vitalité du corps ainsi squatté, jusqu'à ce que celui-ci finisse par se désagréger après un temps variable qui s'étendra sur de nombreuses années, ou même davantage, quitte à séduire une autre victime avant l'effondrement de la première.

L'occasion rêvée pour ces redoutables pirates de la vie des autres est la disparition d'un être très aimé, que ce soit un bébé ou un adulte. Par le fait que les désincarnés voient le futur proche, surtout dans le cas de maladie grave, ils guettent patiemment le moment de la mort. Comme il leur est facile de s'immiscer dans la vie quotidienne de ceux qui sont sur la Terre, ils sont parfaitement au courant des circonstances de leur existence, de leurs expressions habituelles, de leurs mots de tendresse, de leurs petits secrets. Ils savent donc, depuis longtemps, tout ce qui les concerne et n'auront aucun mal, le moment venu, à se faire passer pour le disparu. Ils pourront ainsi faire allusion à un détail connu de la seule victime pour se faire reconnaître par elle comme étant vraiment l'être aimé. Comment celui qui reste aurait-il un doute quand la voix qui lui parle utilise les mots mêmes de leur intimité ? Quoi qu'on puisse dire à la victime, on ne parvient pas à lui ouvrir les yeux, tellement le "démon" sait s'y prendre. Pendant ce temps, la personne aimée voudrait, de toutes ses forces et quelle que soit la sanction encourue par la transgression, détromper l'être qui la pleure. Mais elle ne peut seulement pas approcher, la place étant solidement tenue. D'ailleurs, quand il s'agit d'un passage récent, la personne ne sait pas encore comment elle pourrait se manifester.

C'est l'imposture la plus odieuse et la plus coupable qui soit. C'est aussi la plus tragique car celui qui en est victime ne veut pas être détrompé et s'obstine dans sa conviction, sans vouloir croire au danger qu'il court, ni à la condition lamentable qui l'attend lorsque son tour viendra de quitter ce monde.

La patience et la ruse de ces personnalités sans âme sont prodigieuses, à la mesure de leur volonté cynique et impitoyable de survivre coûte que coûte, par tous les moyens. Ils guettent longtemps celui ou celle qu'ils veulent investir et se gardent bien de la moindre maladresse qui pourrait éveiller sa méfiance. C'est toujours par son point faible qu'ils parviennent à attirer, puis à capter l'attention du malheureux inconscient ou naïf qui ne se doute nullement du piège où il va tomber. Assez rapidement, la confiance se fait de plus en plus complète. Puis, c'est l'abandon total et aveugle à cet ami "céleste" et à sa guidance, sans que jamais rien ne vienne la remettre en question. Quand, au moment du passage dans l'Au-delà, la victime voit enfin le vrai visage de son "guide", il est trop tard. Rares sont ceux qui parviennent à se dégager de leur puissante étreinte. Une fois, cependant, l'auteur a connu quelqu'un qui semble y avoir réussi. Les mises en garde ne lui avaient pas manqué. En vain. Il est très rare qu'une personne ayant un "guide" entende raison. Elle est tout heureuse d'être conseillée, prend cela pour une faveur du Ciel et, implicitement, pour une reconnaissance de ses mérites. Sa confiance est telle dans cette entité qui l'éclaire et la protège - du moins, pour le moment - qu'elle en perd tout sens critique. L'auteur a revu cette personne deux jours après sa mort. Son visage avait une expression terrible. Ses traits exprimaient une énergie farouche, avec une telle force que l'esprit semblait être encore présent à l'intérieur de ce corps raidi. C'était impressionnant. On comprenait qu'elle avait lutté de toutes ses forces contre son vampire. Mais d'autres, qui n'avaient pas la pugnacité habituelle de cette dame et qui, jusqu'à la fin, se sont cru distingués par un "maître" des plans invisibles, malgré tout ce qu'on pouvait leur dire pour ébranler leur naïve vanité et faire naître un doute, se sont certainement retrouvés investis sans que personne ne puisse plus les secourir. Car, c'est librement et tête baissée qu'ils se sont jetés dans les bras de ces "démons", en abdiquant tout sens critique et se croyant meilleur juge de leurs propres affaires que ceux qui les prévenaient.

Une théorie, propagée par un livre célèbre et les conférences très suivies de son auteur, prétend que nous ne sommes, en ce monde, qu'une moitié de nous-mêmes. L'autre serait constituée par un ange, avec lequel nous devons fusionner. Il faut donc le solliciter, pour arriver dès maintenant, à cette fusion. Une autre démarche serait de se mettre dans l'état le plus détendu, le plus passif possible pour recevoir des communications d' "êtres de lumière" qui désirent aider l'humanité. C'est ce qu'on appelle couramment le "channeling".

Est-il besoin de dire que s'offrir soi-même à n'importe quelle entité de l'invisible, qu'on ne voit pas et dont on ne sait rien, est d'une inconscience ahurissante ? Comme si nos bonnes intentions et notre candeur devaient nous préserver de tout mal !

Une autre malfaisance courante de ces esprits perdus et à laquelle tout le monde est exposé, particulièrement ceux qui croient à la survie de l'âme avec tout ce que cela implique, c'est la manifestation, un jour, d'une voix intérieure qui conseille, guide, prévient, aide et fait éventuellement connaître ce qui va arriver. Aussi tentant qu'il soit d'en profiter pour sa vie quotidienne, il ne faut pas hésiter à la repousser, à lui intimer fermement l'ordre de nous laisser tranquille. Devant cette volonté résolue de ne rien avoir à faire avec elle, l'entité n'insiste pas car elle se voit découverte pour ce qu'elle est, donc que la partie est perdue d'avance. Elle n'y reviendra pas.

Malheureusement, certains, tout en sachant instinctivement qu'il pourrait y avoir danger à commercer avec cette voix inconnue, essaient quand même d'en profiter un peu, puis encore un peu, retardant le moment de cesser cet échange insolite. Mais plus il attend, plus l'autre s'installe solidement dans l'aura du téméraire. Et le jour où il voudra se libérer de ce compagnon de tous les instants qu'il aura fini par trouver encombrant, il est trop tard. Il ne le peut plus. Il lui faut vivre avec. Dans certains cas, le squatter restera dans des limites supportables, s'il sait que sa victime pourrait bien avoir recours aux grands moyens de l'appel aux forces supérieures. Mais dans d'autres cas, si la victime est sans défense parce qu'ignorante et s'il se sent, de toute façon, assez fort pour défier les exorcismes et autres puissants moyens d'expulsion, alors il ne se retiendra plus de se laisser aller à son insondable méchanceté, sans plus souci de masquer sa véritable personnalité, et la victime vivra déjà sur la terre un véritable enfer, dont la mort même ne pourra la délivrer.

Il ressort de tout ceci qu'il faut refuser sans hésiter toute tentative de communiquer avec un désincarné qui cherche à attirer notre attention en venant à point pour rassurer et conseiller dans des cas embarrassants. Et surtout, chasser catégoriquement l'entité qui se présente comme l'être qu'on pleure. A moins que celui-ci n'ait été dans sa vie terrestre, un individu de la pire espèce, donc qui se moque des lois de Dieu, on peut être assuré que ce n'est pas lui qui parle.

Comme nous l'avons dit précédemment, il existe quelques témoignages de trépassés s'étant manifestés à un être cher, auxquels on peut ajouter foi car ils corroborent ce qu'enseigne la tradition ésotérique de la Sagesse occidentale. Il est à remarquer que leur intervention n'a jamais été motivée par des raisons de convenances personnelles mais seulement d'intérêt général, dans l'optique de l'évolution d'autres êtres. Par exemple, pour lever un blocage chez un groupe de personnes cherchant la Vérité, non par curiosité intellectuelle mais avec le sincère désir d'y conformer leur vie et qu'une interprétation littérale de la Bible ou des Evangiles confinait dans des dogmes stérilisants. Ou encore pour rendre l'espérance à une catégorie de croyants ébranlés dans leur foi. Ou bien encore pour une raison grave, en rapport avec la culpabilité de celui qui est en train de revivre sa vie à une lumière qu'on ne saurait contester. Ces trépassés d'ailleurs, ne se sont jamais manifestés dès après leur mort pour dire qu'ils étaient toujours vivants et consoler leurs proches, mais plusieurs années après. Ils disent bien qu'ils en ont reçu la permission. *"Quand je suis arrivé ici, j'ai été tellement ébloui par la clarté de cet amour (du Père) que j'ai demandé à vous apporter spécialement ce message... j'ai réclamé le privilège de vous le dire"* Et l'on comprend, à la région qu'ils décrivent, que cette permission ne leur a été donnée qu'une fois leur purgatoire terminé, et qu'ils sont passés dans le premier Ciel où l'une des occupations est justement d'aider ceux de la terre - cette aide aux terrestres étant toujours prodiguée à leur insu et dans la mesure où ils cherchent sincèrement à bien faire.

Dans le cas de ce jeune officier tombé dans les Ardennes en 1915, mère et fils étaient unis par les liens de la plus grande tendresse. Trois ans après sa disparition, la mère pleurait toujours devant le portrait de son fils unique et adoré. Ce devait être pour le fils un crève-cœur insupportable de la voir souffrir ainsi à tous les instants, sans que rien ne puisse la consoler. N'avait-il pas eu envie de se manifester plus tôt, et particulièrement dès après sa disparition devant la douleur de sa mère et ses appels déchirants ? Et pourtant, à aucun moment il n'est intervenu, pas même pour lui dire seulement "Maman..." Et tous ceux dont le départ est une blessure infiniment cruelle pour les êtres qui les aiment, peuvent-ils supporter la vue de leur souffrance sans rien faire pour l'adoucir un peu par des paroles et des manifestations de présence ? Force nous est de constater qu'ils n'en font rien. Ils souffrent, certes, de voir, de ressentir leur douleur, mais ils se taisent et n'interviennent pas. L'interdiction est là. Puissante. Absolue. Personne ne la transgresse, sauf ceux qui n'ont plus rien à perdre.

IV

La Vie dans l'Au-delà

Ce que font, dans l'invisible, ceux qui ont quitté ce monde physique peut se réduire à deux activités : en premier lieu, le bilan de la vie écoulée, en comprenant leurs erreurs par la souffrance et en se réjouissant ensuite du bien fait ; en second lieu, en passant sur un plan plus élevé, la préparation de la prochaine incarnation,. Là, ils apprennent, pendant des années et des années, beaucoup de choses extrêmement poussées mais se rapportant toutes à la terre comme cadre de vie et à leur future vie terrestre. Entre deux retours, il s'écoule, en théorie, un laps de temps de l'ordre de plus de deux mille ans, le temps que met le soleil, par précession, à passer dans un nouveau signe. Ainsi, depuis deux mille ans, nous sommes dans l'ère des Poissons mais nous approchons de l'ère du Verseau, le Nouvel Age attendu par tant de groupements progressistes.

Mais ce retour dépend beaucoup de la façon dont nous avons quitté la terre dans la vie précédente. Dans les cas de mort violente ou accidentelle, par exemple, les renaissances sont beaucoup plus rapides.

Les témoignages évidents de réincarnation émanent le plus souvent de personnes à retour rapide. Bien que la durée de la vie de chacun soit déterminée à l'avance, dans le cas de conflits de masses beaucoup sont tombés qui avaient devant eux une longue carrière. Ils reviennent alors très vite. Nous connaissons le cas de la nouvelle personnalité d'un soldat américain tué au cours du débarquement de Normandie : ce paisible comtadin est allé en Amérique retrouver ses traces et son ancienne famille. C'était assez troublant. Beaucoup sont morts déchiquetés par une mine ou une grenade, chez qui le panorama de la vie écoulée n'a pu s'imprimer sur leurs corps subtils. Ils renaissent dans les années qui suivent la fin du conflit.

Ceci permet de comprendre pourquoi il y a tant de naissances dans les années qui suivent les guerres et pourquoi ce désir général de plurimaternité ne se retrouve plus par la suite.

De même, quand on approche de la fin d'une ère, comme c'est le cas actuellement, un grand nombre d'Egos plus ou moins retardataires se réincarnent en un temps assez court. Il leur est donné une nouvelle chance de faire l'effort d'affronter la vie et les difficultés qu'ils se sont créées par leurs comportements antérieurs. Malheureusement, beaucoup fuient à nouveau dans le refus de cet effort et la facilité. Et ils tombent dans l'esclavage du tabac, de l'alcool ou de la drogue et accessoirement, ne trouvent une raison de vivre que dans une attitude unilatéralement iconoclaste.

*

*   *

Par le fait qu'il y ait récapitulation de la vie écoulée et que, sur cette terre, personne n'est parfait, aucun être venant d'entrer dans l'autre monde ne peut prétendre qu'il vive dans le bonheur. Il est exact qu'il se sente entouré d'amour et de joie quand il y pénètre - sauf, bien sûr, la minorité d'êtres perdus que rien de bon n'a pu toucher et qui ont fait le mal sciemment - mais après la récapitulation de sa vie et la période d'inconscience qui suit, il a son purgatoire à faire et personne n'y échappe. A moins qu'il ne s'agisse du cas très rare d'un être spirituellement très avancé, déjà libéré depuis longtemps de sa personnalité inférieure et dont les longues souffrances ayant précédé son passage ont achevé la purification. Par ailleurs, l'intervalle entre deux fautes à revivre, n'est jamais du bonheur mais un moment de relâche, de soulagement. Donc, aucun trépassé récent ne peut prétendre qu'il est merveilleusement heureux. Cela n'est pas. De plus, c'est absolument contraire au processus habituel post-mortem et, tout simplement, à la logique. Or, la logique est un guide sûr quel que soit le monde, comme on le vérifie déjà dans le nôtre.

Il faut savoir aussi que, pendant les trois jours et demi qui suivent la mort, personne ne peut se manifester. Ce laps de temps représente la durée maximum pendant laquelle on revoit sa vie et que n'est pas rompue ce que la Bible appelle la Corde d'Argent, un mince ligament aussi ténu, extensible et immatériel qu'un rayon de lumière, qui reliait les corps subtils au corps physique. Si le trépassé se manifeste de quelque manière pendant ce temps, on peut être assuré qu'il ne s'agit pas de lui. Tant que le panorama de sa vie se déroule devant ses yeux, toute son attention est captée par ce qu'il voit et il n'a plus conscience de ce qui se passe sur la terre. Comme il tombe dans l'inconscience dès que ce panorama cesse de se dérouler, on voit mal à quel moment il penserait à se manifester aux siens. Tout au plus, au moment du passage, sa pensée aura pu le projeter un instant - et involontairement - vers un être aimé qui l'aura alors aperçu.

Enfin, un disparu de fraîche date n'a pas le pouvoir de faire apparaître ou disparaître des objets, ni de les déplacer, encore moins sur de longues distances ! Il n'y a que les vieux routiers du Purgatoire pour avoir fini par comprendre certaines lois physiques propres à leur milieu, ou encore les scientifiques, car leur esprit d'observation et leur raisonnement rationnel les leur font rapidement découvrir. Mais les personnes ordinaires, non. Il en est, même, qui restent des années à errer dans les lieux qu'ils ont habité sans avoir seulement découvert qu'ils pouvaient traverser les murs et les portes fermées. Un jour, ou plutôt une nuit, un trépassé qui restait à longueur d'année dans son ancienne demeure et n'était pas bien dérangeant, trouve fermée la porte de son ancienne chambre. Il se met alors à la pousser avec toute sa volonté impérieuse de la voir s'ouvrir. Et la porte de grincer et de crépiter comme si on voulait la faire sauter à la pince monseigneur - situation assez inconfortable pour la personne qui était dans la chambre et pensait s'abandonner paisiblement au sommeil. La nuit est propice aux matérialisations que gênent les vibrations trop fortes de la lumière. C'est pourquoi le vif désir, et peut-être la rage, de ne pouvoir aller dans "sa" chambre donnaient à cette entité suffisamment de force pour que, matériellement, la porte crépite en une gerbe d'étincelles sonores. Toutefois, cette force était seulement éthérique et ne réussissait à perturber vraisemblablement que la constitution éthérique du bois car aucune trace de détérioration n'a pu être observée le lendemain matin. Il n'empêche que les grincements et craquements étaient si forts que la dormeuse, effrayée et persuadée d'avoir affaire à un cambrioleur, avait appelé Police-Secours.

S'il est vrai que nos chers disparus - disparus mais toujours là - sont dans nos maisons, près de nous et qu'ils voudraient nous aider, il n'en est pas moins vrai qu'ils ne peuvent intervenir dans notre vie pour arranger nos affaires. En principe, ils n'en ont pas les moyens. Et, par ailleurs, nous avons un destin individuel bon ou mauvais à assumer. De toute façon, quelles que soient leurs croyances au sujet de l'après-vie, ils savent, sans qu'on le leur ait dit, qu'ils n'ont pas le droit d'interférer avec les lois de Dieu. Toute leur aide se résume donc à nous suggérer la bonne solution s'ils la voient, car ils ne sont pas omniscients, ou la bonne conduite à tenir, mais sans se manifester et toujours dans l'optique de ce qui est bien - suggestions que nous recevons mais écartons souvent tant sont dominantes nos impulsions passionnelles.

Il peut arriver, quelquefois, très rarement, qu'une mère essaie de rassurer son enfant en proie à une vive inquiétude, si toutefois elle sait que l'affaire se terminera bien car, de l'autre côté, on voit le futur proche. Mais elle le fera toujours de façon aussi détournée que possible, quoique suffisamment adroite pour que l'enfant finisse par comprendre d'ou vient le message. Il ne sera surtout pas en paroles. Tout au plus, l'enfant sentira près de lui une présence. Celle-ci pourra même se traduire de façon tangible par un frôlement, une caresse dans les cheveux s'il est quelque peu médium, mais jamais en paroles. Le reste du temps, nos chers aimés ne sont que les spectateurs de notre vie et ils nous attendent : *«Nous vous entourons constamment, nous sommes la grande nuée des témoins»*.

*

*   *

Il ne faut pas croire, non plus, comme c'est généralement le cas, que le fait d'arriver de l'autre côté nous mette face à face avec Dieu, ni que cela nous donne, tout d'un coup, la connaissance de toutes choses. Non, la mort ne change rien, absolument rien, à ce qu'est un individu. D'abord, sur le plan physique, il reste tellement ce qu'il était que, lorsqu'il sort de son corps, par exemple au cours d'un corps à corps meurtrier, il continue de lutter avec la même violence car les conditions extérieures, le temps qu'il fait, ses vêtements, tout est exactement pareil. Une personne sortie de son corps dans un état de grande faiblesse après une grave opération était très étonnée de se voir à côté de sa forme physique inerte, dans un pyjama tout semblable à celui qu'elle portait, et de voir toutes choses dans les volumes et les couleurs qu'elles avaient quand elle était dans son corps. Ceci semble poser une énorme interrogation.

Qu'on ait des corps subtils ou tout autre "double" passe encore, mais que notre pyjama et nos pantoufles nous accompagnent dans notre transition, voilà qui passe les bornes du crédible. Pourtant, cela est. Comment est-ce possible ? On peut penser que, toute la matière étant douée de la vie de Dieu en tant qu'énergie, toutes les choses façonnées par l'homme avec les matériaux tirés du sol ont aussi un double éthérique issu du corps éthérique de la terre. Ceci expliquerait pourquoi les objets conservent la mémoire des scènes des lieux où ils sont ou ont été - scènes que le psychomètre peut voir en les prenant dans sa main. On peut aussi penser que les vêtements s'imprègnent du corps éthérique de la personne qui les porte et que ce double subsisterait un certain temps - ce qui permettrait de les voir quand on sort de son corps. Mais si ces deux hypothèses sont plausibles, l'explication du phénomène serait plus simple et tiendrait au pouvoir de création instantanée de la pensée dans les mondes subtils. En effet, à tout moment, nous avons, inconsciemment, une idée globale de notre personne qui inclut tout, aussi bien notre bien ou mal-être intérieur que ce qui nous limite à l'extérieur : nos cheveux, nos vêtements, nos souliers, notre bracelet-montre etc. Nous emportons cette globalité avec nous, même quand la sortie du corps est involontaire, car ce concept de soi est aussi chevillé à notre esprit que la conscience de notre individualité. Quoi qu'il en soit, la chose est. Il faut l'admettre. D'ailleurs, ceux qui font des sorties hors du corps le savent bien : ils ont leurs vêtements et leurs souliers.

A moins de trépasser dans sa baignoire, on n'arrive pas nu comme un bébé de l'autre côté, mais avec ce que l'on portait au moment du passage. Et si l'on est dévêtu, on a tôt fait de se retrouver dans ses vêtements habituels par le simple fait d'y penser. De l'autre côté - c'est sûr, tous les témoignages concordent - on ne se promène pas tout nu. On peut penser que les fugitives visions de trépassés, dans les vêtements qu'ils portaient sur la terre, relèvent de l'imagination de la personne qui raconte l'événement. Mais lorsque cette expérience vous arrive à vous-même, que vous vous êtes vu dans la même tenue que celle de votre corps endormi, vous ne doutez pas de ce que vous voyez, mais vous vous demandez seulement comment cela peut se faire.

Au lieu de refuser ce qu'il nous est difficile d'admettre parce que trop éloigné de nos conceptions habituelles, il serait souhaitable que ce qui EST, mais qui nous déconcerte, soit, au contraire, le départ d'une réflexion nouvelle, d'un élargissement de nos connaissances sur la réalité des mondes invisibles et, partant, d'une révision complète de l'idée qu'on s'en faisait jusque-là. Car tout est physique, depuis le caillou jusqu'à Dieu lui-même. Mais, en même temps, tout est spirituel car matière et esprit sont les deux aspects d'une même réalité. Il n'est donc pas étonnant que chaque chose, comme nous-mêmes, ait son double éthérique, qu'il lui soit personnel ou qu'il participe simplement du corps éthérique de la terre.

Dans les cas de mort subite, l'être se retrouve donc de l'autre côté tel qu'il était quelques instants auparavant, avec les mêmes vêtements, dans le même environnement (à côté de sa moto s'il est entré dans un arbre), les mêmes couleurs perçues exactement comme sur le plan matériel. Le panorama de sa vie lui apparaîtra plus tard. Pour le moment, il ne sait pas qu'il est passé dans un autre univers. C'est le rôle des serviteurs de Dieu de le lui apprendre et de détourner son attention du monde qu'il vient de quitter et où il n'a plus rien à faire. Pour convaincre les matérialistes qui se croient toujours sur la terre puisqu'ils sont toujours vivants, ils lui montrent leur dépouille, l'attroupement des gens s'il s'agit d'un accident. Mais, même au moment de leurs obsèques, auxquelles ils assistent en pleine conscience, et même en voyant leur nom sur leur pierre tombale, ils croient toujours rêver et attendent impatiemment de se réveiller, pensant déjà au récit qu'ils vont faire de ce rêve extraordinaire. Cet état peut durer des années pendant lesquelles ils vivent dans leur maison, leur lieu de travail à continuer leur "rêve". Il est très difficile de leur faire accepter leur nouvel état, tant ils sont ancrés dans l'idée qu'après la mort il n'y a rien.

Ce qui est certain, c'est qu'on est exactement le même qu'auparavant, avec le même caractère, les mêmes connaissances, les mêmes souvenirs, les mêmes désirs et les mêmes attachements.

Mais, il faut savoir que, de l'autre côté, contrairement à la croyance générale, on n'apprend rien sur les grands problèmes de la vie, ni sur la nature de Dieu, ni sur l'organisation des plans supérieurs, ni même sur le processus de la réincarnation. Et ceux qui ne savaient rien à ce sujet, ou qui le récusaient, n'en savent pas davantage. Dans les régions supérieures du monde émotionnel cependant, on sait certaines choses. Par exemple, qu'il y a de nombreux autres mondes habités : "*Ne croyez pas que Dieu ait créé une seule race : la Terre est peuplée par les hommes, mais les autres mondes sont peuplés par d'autres races*"... "*...il y a d'autres mondes où l'évolution est toute différente et beaucoup plus perfectionnée*" - *qu'il* y a des sphères encore plus élevées et que la réincarnation est un fait. Mais cette connaissance est très limitée. En revanche, on peut apprendre tout ce qu'on veut du savoir des habitants de la Terre.

Si l'être conserve son acquis moral et intellectuel, il ne voit rien d'autre que l'endroit où il est et celui-ci peut être extrêmement varié d'un individu à l'autre, du plus inhospitalier au plus merveilleux. Chacun fait des interprétations de ce qu'il voit selon ses propres croyances, ou absence de croyances, et selon ce qu'il est lui-même. Ceci donne une coloration particulière à sa vision. Par exemple, celui qui aura eu une mauvaise vie, tout en croyant à un enfer éternel, en verra un tout conforme à ce qu'il imaginait et s'y précipitera tête baissée car, de l'autre côté, le sentiment de culpabilité, comme tout autre sentiment d'ailleurs, est intense. L'incroyant, lui, ne voit rien à part la Terre et, quand elle cessera de l'intéresser, il se retrouvera dans une atmosphère grise et uniforme, se demandant quand son coma, ou son cauchemar, va enfin finir.

Tant qu'on est au Purgatoire, on n'apprend strictement rien de plus que ce qu'on savait dans la vie terrestre. Tout au plus, on observe, on raisonne sur ce qu'on voit, si toutefois on était déjà, sur la Terre, porté à la réflexion. Mais on s'habitue si vite à cette vie si pareille à celle de la terre que beaucoup ne se posent pas plus de questions qu'ils ne s'en posaient quand ils y étaient.

C'est seulement lorsqu'on accède au premier Ciel, dans les régions supérieures du monde émotionnel, qu'on peut apprendre tout ce qu'on veut. Du moins, tout ce qu'on voulait apprendre sur la terre quand on y était. Car toutes les connaissances mises à la disposition de celui qui veut apprendre et s'informer se rapporteront exclusivement à la Terre et seront proportionnées au désir qu'il en avait. Mais quel épanouissement pour celui qui peut poursuivre ses chères recherches, pour celui qui voulait voyager partout pour étudier les anciennes civilisations, pour l'architecte qui réalise enfin le projet trop cher ou trop futuriste dont personne ne voulait ! Les études et les recherches faites en ce lieu ne sont pas, comme on pourrait le croire, un passe-temps illusoire ni une satisfaction temporaire de désirs restés inassouvis. Elles constituent, au contraire, un acquis pour l'incarnation suivante, lequel se manifestera par une facilité d'apprendre et d'assimiler les études se rapportant au sujet, et aussi par des découvertes en rapport avec les recherches scientifiques faites pendant ce séjour. On se souviendra, à ce propos, de l'enseignement qui se dégage des nombreux témoignages de NDE rapportés par Raymond Moody dans *La Vie après la Vie* et dont une consigne est celle-ci : ne jamais cesser d'apprendre. C'est que le perfectionnement progressif de l'homme, vie après vie, n'est pas seulement moral et spirituel, il inclut aussi le développement de ses connaissances, de son intelligence et de sa créativité.

Tout ce qu'on a désiré faire sur la terre et qui laissait le regret de partir trop tôt, on peut le réaliser sans effort et dans la joie ! Les amoureux des jardins s'en créent de magnifiques, les fous du volant se font de superbes voitures plus performantes que celles qu'ils enviaient. Et toutes ces créations sont tangibles, aussi vraies pour nous que les constructions de nos rêves pendant le sommeil. Mais elles ne durent qu'autant que dure le désir ou le plaisir de les posséder. Au premier Ciel, ceux qui s'aimaient se retrouvent, à la condition toutefois que le laps de temps entre la mort de l'un et celle de l'autre ne soit pas trop important. Mais le premier arrivé peut toujours attendre l'autre, même trente ou quarante ans de notre temps si son désir de le retrouver est suffisamment fort. De toute façon, on se trouve avec les êtres, connus ou inconnus, avec lesquels on a une communauté de pensée ou de sentiment car, dans ce monde-là, tout est affaire de vibrations.

Mais si l'on peut s'instruire dans toutes les matières désirées, on ne reçoit aucun enseignement sur ce qui concerne la structure et l'organisation des plans supérieurs, ni leur raison d'être, ni comment s'y inscrivent la vie terrestre et les hommes eux-mêmes. Si bien que ceux qui arrivent dans ce lieu de repos et de bonheur, qu'on appelle le premier Ciel, croient être au Paradis car la vie y est facile et les lieux enchanteurs. Et, comme ils ont "expié" leurs fautes, ils sont persuadés qu'ils sont libérés de la nécessité de se réincarner et qu'ils vont y jouir du bonheur éternel.

Personne n'est là pour leur dire que cela ne suffit pas. Qu'avoir souffert du mal commis ne signifie nullement qu'on ne le referait pas si les circonstances en ramenaient l'occasion. Que la perfection est loin d'être atteinte et que la raison de la vie, c'est justement le très long chemin qui mène à cette perfection et à l'union consciente avec Dieu. *"Soyez parfaits comme votre Père céleste est parfait"*... Qu'il faudra donc retourner encore et encore sur la terre, avec le germe de ses mauvaises tendances, afin de parvenir à les dominer pour, finalement, les éradiquer.

Comprendre et "expier" ses erreurs ne rendant pas l'individu parfait, il n'atteindra la perfection que lorsqu'il n'en commettra plus aucune dans sa dernière incarnation au milieu de ses frères les hommes, confronté à leurs caractères, leur égoïsme, leurs besoins, leurs détresses et les aléas de la vie. Ceci, comme bien l'on pense, nécessite de nombreux retours, car les progrès sont lents, parfois stationnaires.

Il est à remarquer que le temps passé au premier Ciel est, pour la majorité des gens, plus court que celui passé au Purgatoire. C'est que la somme de bien fait au cours de la vie est moindre que celle de nos erreurs, conscientes ou non, mais il ne tient qu'à nous, à notre comportement pendant que nous sommes ici, d'en inverser la proportion. Cette vie dans le monde matériel n'est qu'un passage temporaire à l'école de l'expérience. La vraie vie, éternelle, est ailleurs, dans les mondes spirituels.

Au cours d'une existence, de nombreuses occasions se présentent où l'on peut réagir au contact des autres avec égoïsme, indifférence, cupidité, calcul intéressé, voire ruse et même méchanceté. Il se trouve toujours des cas où l'on doit choisir entre son intérêt personnel et ce qui est juste. A chaque fois, la voix de la conscience est là, même de façon obscure, pour nous prévenir que nous agirions mal. Ceux qui l'écoutent fidèlement avancent vite. Mais, en général, on choisit tantôt ce qui est bien, tantôt son intérêt ou son confort, même si l'on sent que c'est mal - ce qui laisse un vague sentiment de malaise, qu'on s'empresse d'étouffer en se justifiant avec de bonnes raisons, et d'oublier. C'est surtout au début de la vie qu'on fait le mauvais choix. Par la suite, les petits malaises accumulés donnent envie d'agir correctement et l'on commence à faire un petit progrès. Dans ces mêmes occasions, on peut aussi réagir avec compréhension, bonté, dévouement, générosité. On fait alors un progrès réel qui reste acquis et nous incitera à persévérer dans cette voie.

C'est un fait qu'on est, en général, meilleur à la fin de sa vie que pendant la jeunesse ou la pleine activité. On est devenu plus compréhensif, plus indulgent ; on est moins porté à condamner. Il en est ainsi avant que la décrépitude, le sentiment de faiblesse et d'extrême vulnérabilité qui l'accompagne, ainsi que la mise à l'écart de la vie active normale qui continue sans elle. ne rendent parfois la personne âgée égocentriste, voire insupportablement égoïste.

Quant à voir Dieu “face à face“ après la mort, comme on le croit chez les catholiques, une conception aussi réductrice de sa grandeur est un enfantillage. Dieu est Lumière nous dit Jean, qui tenait cette définition directement du Christ. Dieu est Amour nous dit Paul qui l'avait expérimenté dans son extraordinaire ravissement. Dieu est Force et

Puissance, comme le ressentent si intensément ceux qui arrivent au premier Ciel. Cette force énorme de Vie, cet Amour qui englobe tout et cette Lumière abondamment perceptible partout, sur la Terre comme au Ciel, ne sauraient être réduits à une représentation anthropomorphe. On peut concevoir Dieu, le ressentir en nous et dans tout ce qui existe, mais le voir, non. A moins d'avoir soi-même atteint la divinité. Cette vision serait d'ailleurs d'un tout autre ordre que ce qui, pour nous, est "voir". Mais l'homme Jésus peut être vu dans les régions supérieures du monde émotionnel, le premier Ciel, et c'est un grand bonheur pour ceux qui y sont.

V

La voyance. Les «guides»

Enregistrements et formations dans la région éthérique

La voyance aussi est un contact avec l'invisible, parce que le voyant est toujours un médium. Elle ne comporte, heureusement, aucun danger pour le consultant et peut seulement lui apporter déception et perplexité quand les prédictions ne se réalisent pas, alors qu'elles s'étaient réalisées pour d'autres personnes, comme exactement annoncées.

Bien sûr, il y a une explication. C'est que la voyance est un phénomène involontaire, qui est lié précisément à la médiumnité.

A ce propos, il est juste de dire que certains êtres, qui ne sont pas obligatoirement des médiums, possèdent un certain degré de vue éthérique, et que beaucoup pourraient l'acquérir en s'y exerçant, car elle est une simple extension de la vue physique. Elle dépend de l'état et de la qualité du nerf optique. On peut y parvenir en regardant une surface blanche, un plafond par exemple, mais en limitant son regard un peu en avant, pour commencer à percevoir le frémissement de la région éthérique. Il n'y a plus qu'à persévérer. Cette vision permet de voir à la fois l'extérieur et l'intérieur des objets, suivant la façon dont on ajuste sa vue. Ainsi, en regardant un réveil, on en voit d'abord l'extérieur, puis le mécanisme intérieur, la pile et enfin le dos de l'objet. Cette vision est toujours en noir et blanc. Les rayons X de la radioscopie et de la radiographie sont une vue éthérique artificielle. Quelques personnes, ayant eu affaire à des extra-terrestres, ont eu cette vision éthérique pendant tout le temps où elles étaient sous le faisceau lumineux émis par l'engin : leur voiture, leur maison leur étaient devenues transparentes. Elles en voyaient tous les détails, intérieurs aussi bien qu'extérieurs.

A la vérité, avoir des facultés supranormales, même si elles nous donnent une petite supériorité par rapport à ceux qui ne les ont pas, n'est en rien un avantage. Le premier inconvénient est que le médium n'est pas maître de sa voyance. Il ne voit ni ce qu'il veut, ni quand il veut. De temps en temps, il a des flashes dont il ne sait pas toujours à quoi ils se rapportent.

Quand un client se présente, la voyante peut n'en avoir aucun. Alors, elle se concentre, fait des efforts de vacuité dans l'espoir de voir apparaître au moins une image à sa vision intérieure. Si rien ne vient, elle y supplée par la psychologie et l'imagination. Ces pseudo-prédictions, on s'en doute, n'ont guère de chances de se réaliser. Les plus grandes voyantes, c'est à dire celles qui ont le plus de flashes et dont la justesse des prédictions peut aller jusqu'à

80 % sont exposées, comme les autres, à ce passage à vide et se fient alors à leur simple intuition. Madame Fraya, qui fut tant sollicitée par les hommes politiques et autres personnalités pour ses prédictions sensationnelles, avait fait à l'auteur une série de prédictions dont la moitié seulement s'est réalisée. Elle était très âgée, à l'époque, et l'auteur très jeune. Il était facile de lui prévoir des affaires de cœur. Le reste n'a jamais eu la moindre apparence d'arriver dans sa vie. Que madame Fraya ait été très âgée était pourtant un élément favorable car ses corps subtils adhérant moins étroitement à son corps physique, elle était encore plus apte qu'antérieurement à lire dans les formations de la région éthérique.

Les voyants et voyantes qui ont un "guide" ne connaissent jamais ce genre de panne car celui-ci les renseigne aussitôt, d'après ce qu'il voit dans le futur proche. Mais le médium qui a un “guide“ n'est plus libre de s'en dégager.

Avoir un "guide" est bien pis que d'être un simple médium, car celui-ci peut repousser les propositions qui lui sont faites de l'invisible, souvent de manière très convaincante ; il reste libre et ne peut être manipulé ni dominé, même si ses dédoublements le mettent en contact avec des entités indésirables ou lui font voir des choses pénibles. De plus, il a toujours la possibilité de matérialiser suffisamment son corps par le vin et la viande pour le soustraire à ces perceptions involontaires. Enfin, il a aussi la possibilité, par des exercices appropriés et une vie entièrement tournée vers le bien, de transformer cette clairvoyance involontaire en clairvoyance volontaire.

Nous avons parlé du danger qu'il y a à se confier à ces esprits qu'on ne voit pas et dont on ne peut savoir ce qu'ils sont, derrière leurs belles paroles. C'est d'ailleurs, le plus souvent, par une flatterie subtile qu'ils piègent les sensitifs. Quelquefois, pourtant, la flatterie est si évidente qu'on se demande comment la personne a pu s'y laisser prendre. Nous avons connu une jeune veuve qu'un désincarné avait détournée de ses pratiques religieuses en lui disant qu'elle était trop avancée en spiritualité pour y trouver quelque profit. *"Si tu pouvais voir comme ta belle âme brille et si tu savais quelle destinée t'attend ! Quand tu seras morte, tu prendras place dans le cortège des vierges qui suivent l'Agneau..."* et autres fariboles aussi excessives. Mais en attendant ce radieux destin, chaque nuit, quand elle s'assoupissait, cet individu venait se comporter comme le mari disparu qu'il prétendait être ! Et rien, rien n'a pu la détromper. Et cet homosexuel à qui il fut révélé qu'il en était à sa dernière incarnation. Fichtre ! S'il avait seulement fréquenté la Bible, il y aurait vu que *«ce péché est en abomination à l'Eternel»*. Mais ses "guides" se gardent bien de lui conseiller la lecture de ce livre, qui est le b.a.ba de celui qui commence à s'éveiller au spirituel.

Aucun être engagé spirituellement n'est à l'abri des tentatives destructrices d'entités perdues qui ne se plaisent que dans le mal, dès qu'un peu de vanité ou seulement de complaisance en soi leur donnent prise. Aussi, l'élève d'une école ésotérique, qui aurait une vision dans un moment de recherche et d'indécision, ferait bien d'examiner la solution proposée selon la logique et le bon sens, avant de la prendre pour une lumière d'En-Haut.

On ne saurait trop recommander à ceux qui sont sensitifs, la plus grande prudence et surtout la plus grande modestie. Aucun serviteur de Dieu ne viendra jamais nous entretenir de notre belle âme, ni de notre promotion dans l'Au-delà, ni de nos mérites car, aussi réels qu'ils puissent être, ils ne sont rien dans l'optique de la perfection. Le Christ ne disait-il pas de Jean-Baptiste que s'il était le plus grand parmi les hommes, le plus petit dans le royaume des cieux était encore plus grand que lui. Et nous ne sommes pas des Jean-Baptiste ! Par ailleurs, aucune entité inférieure ne s'approchera d'une "belle âme" réelle parce qu'elle ne l'intéresse pas du tout et qu'elle est bien gardée, par sa brillance même qui est insupportable à ses vibrations lentes.

Si de grands saints ont été approchés par des entités inférieures, c'est qu'avant d'être déclarés saints par l'Eglise, ils étaient des hommes comme nous, avec des impulsions sexuelles qui réclamaient satisfaction de temps en temps. On ne nous parle pieusement que de leurs mortifications pour ne pas céder à la tentation, mais aucunement de leur mental envahi d'images suggestives pendant des jours et des jours, au cours desquels leur belle âme ne brillait guère, tiraillés qu'ils étaient entre le désir et un sentiment cuisant de culpabilité. Car l'impureté était autrefois, dans l'Eglise, le grand péché, la souillure infamante, la tentation des tentations. Ces futurs grands saints, sans doute, avaient parfois lâché la bride à leurs désirs pour que ceux-ci soient devenus exigeants. Dans ces périodes, leur aura était sûrement devenue rouge sombre et leurs vibrations aussi lentes que celles d'un homme ordinaire en proie au désir. Ce qui permettait à toutes sortes d'entités, plus ou moins infernales, de s'amuser à ses dépens, en multipliant les images propres à le faire succomber. S'attarder dans cet état de trouble renforce l'éther qui régit la génération. Or une satisfaction de moins en moins fréquente, puis de plus en plus rare, diminue sa vitalité. Si, dès le début de leur vie d'ascètes, l'effort de ces futurs grands saints avait été constant et résolument soutenu, cet éther s'affaiblissant peu à peu, leur force sexuelle serait remontée lentement vers le cœur et le cerveau, leur donnant tout naturellement la vision spirituelle et la connaissance immédiate. On peut dire que les grands saints cruellement tentés n'étaient jamais des voyants - du moins tant que ces tentations persistaient. Ceux qui avaient des visions célestes, et qui savaient tout des personnes qui les approchaient; avaient dépassé le handicap des exigences sexuelles.

*

* *

Cette région où s'exercent les quatre grands courants de force qui assurent les fonctions de l'organisme, depuis l'assimilation jusqu'à la pensée, contient l'enregistrement de tout ce que l'homme a fait et produit, ainsi que toutes les créations de son imagination et de sa pensée. Les pensées fugaces s'y dessinent à peine, mais une pensée ou une image longtemps soutenue se revêt de la substance de cet éther et perdure aussi longtemps, que son créateur la maintient dans son esprit. Puis, elle décroît et finit par disparaître. Les faits et les scènes de la vie s'y maintiennent longtemps.

«Il reste toujours une" image indélébile" des tableaux du passé - ce que vous appelez la psychométrie - donc, si vous saviez le voir, une sorte de cliché de notre passage reste visible pour les yeux de l'esprit. Vous en avez parfois des exemples, vous les prenez pour des hallucinations, mais ils sont absolument réels... Ainsi, lorsque vous parcourez ces lieux en pensant à nous, vous serez entourés de notre régiment, tel qu'il a marché, avec ses chefs, ses soldats, son drapeau replié. Et sur les champs de bataille, nos ombres sont demeurées ; la musique sonne encore les charges furieuses et la Marseillaise ; le drapeau frissonne... Mais ce sont des "images prolongées" et non pas une réalité objective. Ces phénomènes sont encore inconnus de votre science... Tout ce qui frappe les ondes diverses (*) dont vous êtes entourés, y dépo-

(*) allusion aux éthers et plus particulièrement à l'éther réflecteur (NDA)

se une image indélébile : une photographie. Tu pourras sans erreur d'imagination, retrouver ma forme terrestre (mon ''fantôme»» car, dans ce cas, c'est bien un fantôme, une vapeur impressionnée) partout où tu me chercheras».

On comprendra pourquoi cette légion romaine du sud de l'Angleterre, qui défilait régulièrement la nuit depuis des siècles, n'est plus vue qu'à mi-corps depuis que le sol a été surélevé, et pourquoi le même fantôme revient dans le même lieu, avec le même comportement, les mêmes gestes, ignorant toujours les éventuels spectateurs de son apparition coutumière. Ce sont des images de la région éthérique qui ont une plus grande densité que les autres en raison d'une part, d'une charge émotionnelle exceptionnelle : l'ardeur au combat des soldats romains multipliée par leur nombre, l'angoisse et la frayeur des ''dames blanches'' le plus souvent assassinées et, d'autre part, de conditions de lieu et d'atmosphère psychologique favorables à ces manifestations. Les fantômes sont rares dans les châteaux français mais relativement fréquents dans les châteaux anglais.

La région éthérique est comme une sorte de mémoire provisoire de la nature. Mais, en réalité, toute l'histoire du monde et des êtres, dans les plus petits détails, sont enregistrés ailleurs, d'une façon indélébile et indestructible et constitue la vraie mémoire de la nature. Dans la région éthérique, les enregistrements finissent par s'effacer et, surtout, l'abondance et la juxtaposition de représentations de faits réels et de créations imaginaires font que ces enregistrements ne sont pas fiables. Toutefois, ce qui s'y manifeste comme événement dans notre monde y est lentement élaboré et conditionné par les propres actions des hommes. Ces événements préexistent dans cette région, avant de se manifester comme faits réels dans notre monde physique.

Une image mentale précise, longtemps soutenue et recréée sans relâche, finit par se matérialiser sur le plan matériel. C'est cette propriété qu'exploitent les professeurs de bien-vivre pour faire affluer l'argent, ainsi que les écoles de développement personnel qui proposent de transformer un individu quelconque, mais décidé à faire sa place au soleil, en un élément performant. Ceux qui ont un désir assez puissant et une volonté sans éclipses voient, en effet, se réaliser leurs désirs. Mais on ne peut interférer impunément avec les lois de Dieu, en l'occurrence la loi de Cause à Effet qui rétribue chacun, de façon très exacte, selon ses actes. Notre condition sociale, notre situation financière sont exactement ce que nous avons mérité par nos vies passées. Vouloir avoir beaucoup d'argent, si nous ne l'avons pas mérité - ou s'il ne nous est pas amené par un ardent désir antérieur - en utilisant la puissance créatrice de la pensée, c'est vouloir infléchir de force cette loi, à notre profit, dans le sens de nos convoitises. Cela revient à prendre ce qui ne nous appartient pas. Si donc, nous obtenons davantage d'argent par ce moyen, il nous sera repris un jour ou l'autre, dans cette vie ou dans la suivante. Dans le cas du désir antérieur, celui qui avait tant désiré l'argent pour tous les assouvissements qu'il procure apprend, à ses dépens, qu'il n'est pas le bonheur car il ne lui apporte pas ce que, justement, dans cette vie, il désire. Sa facilité à l'acquérir et son inutilité pour obtenir ce qui lui tient à cœur lui feront le regarder avec indifférence. Il s'en détachera alors et se trouvera libéré, pour ses vies suivantes, de cette avidité qui bloquait son évolution. Dans l'intervalle et dans l'optique spéciale du Purgatoire, il verra, avec de cuisants regrets, toute l'aide qu'il aurait pu apporter à d'autres en difficulté et tout le bien qu'il aurait pu faire autour de lui avec cet argent - ce qui rend son détachement plus effectif et l'incitera, dans sa vie suivante, à donner largement pour aider les autres.

Il n'en est pas de même pour celui qui utilise la force de la pensée pour sortir de sa condition subalterne et accéder à un poste plus élevé. Car, en cherchant à être plus capable, plus efficace, plus compétent, il développe conjointement les facultés et les qualifications requises pour y parvenir. Dans le même ordre d'idées, il est parfaitement légitime de chercher à s'enrichir par le travail, la création d'une entreprise et tout moyen qui requerra effort, travail et exercice de l'intelligence. Car, tout ce qui valorise l'homme par ses efforts et son travail va dans le sens de l'évolution.

*

* *

Les voyants et voyantes lisent dans les enregistrements et formations de la région éthérique avec leurs yeux intérieurs et prédisent ce qui va arriver, mais on peut toujours lutter contre un événement néfaste en préparation. Quelle que soit la prédiction, qu'elle ait été lue dans la région éthérique ou faite d'après les données d'un thème astrologique, la volonté humaine peut, le plus souvent, la contrer par ses efforts si elle est néfaste, ou tout au moins la minimiser. Alors, ces prédictions, pourtant exactes, pourront ne pas se réaliser. En règle générale, l'avenir proche, s'il préexiste déjà dans la région éthérique ne se réalise pas obligatoirement. Même, dans le cas où ce n'est pas la vision éthérique du voyant qui le renseigne, mais un "guide" ou un esprit qui a pénétré son aura. S'il lit beaucoup mieux que la voyante dans les formations de cette région, il ne peut pas non plus prévoir la façon dont réagira l'individu concerné à la pression des astres.

Il y a là l'explication de l'erreur commise par la Vierge Marie à Fatima, lorsqu'elle a annoncé le déclenchement de la Seconde Guerre mondiale sous le pontificat de Pie XI, alors que la guerre a éclaté sous celui de Pie XII. Elle voyait la menace se préciser pour un temps probable qui correspondait à l'année 1939. Ce qui fut, en effet. Mais Pie XI, décédé, était déjà remplacé par Pie XII. Est-ce à dire que la manifestation de Marie était pure illusion ? Non, car certains éléments de cette manifestation en confirment l'authenticité. Simplement, les hommes, par leurs agissements, en avaient légèrement retardé l'échéance.

Périodiquement, des entités bien intentionnées ou se présentant comme telles, prédisent une catastrophe généralisée pour cette fin de siècle, prédictions qui corroborent celles de Nostradamus, de la mère Shipton et, de nos jours, celles de la Bible codée. A la vérité, il est possible et même probable que, dans la région éthérique, la menace d'une telle catastrophe se soit peu à peu mise en place en raison des violences, des cruautés, de la haine, du fanatisme et de l'intolérance d'une part, de l'immoralité généralisée de notre civilisation occidentale d'autre part, laquelle est sans égale dans l'histoire de l'humanité. En Grèce, l'homosexualité était un fait de société : elle a été envahie et soumise ; sa brillante civilisation s'est arrêtée et est entrée dans le passé de l'humanité. A Rome, Jules César était "le mari de toutes les femmes et la femme de tous les maris" ; Messaline s'offrait à tout venant et Tibère utilisait de jeunes garçons pour ses divertissements lubriques dans sa retraite de Capri. Si les dirigeants se conduisaient ainsi, que supposer de la mentalité générale du peuple ? L'empire romain s'est effondré sous les coups des barbares et, lui aussi, est entré dans le passé de l'humanité.

Ces civilisations n'avaient quand même pas connu le fléau du sida ! La nôtre, avec sa soumission à l'argent et au sexe, et ses puissants moyens de diffusion, atteint des sommets de dévoiement et de pourrissement. Il se peut donc qu'une réaction à ces distorsions avec les lois divines se soit lentement programmée. Cependant, là encore, la volonté des hommes peut infléchir le cours des événements et neutraliser les effets terribles engendrés par ces causes, s'il y a suffisamment d'hommes réfractaires à la décomposition générale et à la haine accumulée. Des récits bibliques justifient cette espérance. On sait qu'ils sont des allégories destinées à transmettre certaines vérités.

Ainsi, l'histoire d'Abraham, discutant avec l'Eternel qui s'apprêtait à détruire Sodome la dévoyée, en est un bon exemple. «*Peut-être y a-t-il cinquante justes au milieu de la ville... et ne pardonnerais-tu pas à la ville à cause de ces cinquante justes ?... Et l'Eternel dit : Si je trouve dans Sodome cinquante justes, je pardonnerai à toute la ville à cause d'eux... Abraham dit : Peut-être s'y trouvera-t-il dix justes. Et l'Eternel dit : Je ne la détruirai point à cause de ces dix justes (Ge 18, 27-32)...* Mais ne nous endormons pas. Sodome était une petite ville, notre monde compte des milliards d'individus. Si, ici, il y a dépravation et corruption par l'argent, ailleurs, c'est la haine fanatique, la cruauté, la violence et le mépris des faibles. Dix justes ne sauraient suffire... La loi des Conséquences, une fois mise en branle, pourrait en effet être terrible. Notre civilisation est peut-être sur le point d'entrer, à son tour, dans le passé de l'humanité, ce qui serait un moindre mal, comparé à la destruction en chaîne de la planète.

*

* *

De même que l'avenir proche préexiste dans la région éthérique, la maladie préexiste aussi dans le corps éthérique de l'individu avant de se manifester dans ses organes physiques. Ceci explique bien des choses. Par exemple, pourquoi un amputé continue de souffrir dans le membre qui lui a été enlevé. C'est que l'abcès ou la blessure sont toujours dans son membre éthérique qui, lui, ne peut être détaché aussi facilement de son corps invisible. Cette douleur, heureusement, ne se maintient pas longtemps car le membre éthérique finit par disparaître. Autre exemple : l'efficacité des traitements curatifs des magnétiseurs, car ils s'exercent sur le corps éthérique du patient, chez qui l'organe malade présente une déficience en énergie.

Nous recevons tous, en permanence, une énergie vitale de cette source ultra-puissante qu'est le soleil. Même la nuit. De même que les neutrinos qui en proviennent traversent la terre de part en part à tout moment, cette énergie nous atteint constamment et il est probable que ces neutrinos en sont l'expression matérielle. Cette énergie, donc, pénètre le corps humain par la rate, se dirige vers le plexus solaire - le bien-nommé, non sans raison - et rayonne ensuite dans le corps éthérique tout entier, apportant vitalité à toutes les cellules. Le surplus inutilisé s'élimine principalement par les mains et les pieds. C'est le "fluide" qu'on attribue aux mains du magnétiseur.

Tous ne spécialisent pas la même quantité de cette énergie. Les magnétiseurs sont parmi ceux qui en spécialisent le plus. Lorsqu'ils appliquent leur main sur l'organe malade, le surcroît d'énergie apporté, étant de nature éthérique, restitue à l'organe éthérique l'énergie manquante. Après une ou plusieurs séances, le déséquilibre énergétique est rétabli et l'organe guéri. D'une façon générale, les passes qu'ils effectuent le long du corps du patient rechargent d'énergie son corps éthérique dont les déficiences se trouvent corrigées, et le mal qui affectait le corps physique disparaît. Le Christ, guérissant en étendant les mains ou en touchant le corps du malade, ne faisait pas autre chose. Mais l'énergie vitale qu'il dégageait avait un pouvoir curatif incomparablement plus puissant que celui du magnétiseur le plus doué.

*

* *

Il existe dans le corps éthérique des centres d'énergie que la terminologie orientale appelle les "chakras". Chez l'homme ordinaire, ceux-ci se présentent comme de faibles courants, qui sont plutôt des remous. Lorsqu'un être progresse suffisamment pour faire le choix délibéré et permanent du bien en toutes circonstances, ces courants commencent à tourner dans le sens des aiguilles d'une montre, d'abord faiblement, puis de plus en plus vite selon son développement spirituel. Ils le doteront alors de la vue spirituelle, celle qui voit les auras des hommes ainsi que l'essence spirituelle des choses.

Chez la voyante, le médium, ces courants tournent dans le sens inverse et lui donnent la clairvoyance involontaire. Généralement, les personnes possédant cette clairvoyance sont tentées de l'exploiter pour un profit matériel. Cette attitude intéressée qui correspond à leur niveau spirituel, c'est-à-dire peu élevé, ne leur donnera jamais la vue spirituelle, ni fortuite, ni permanente.

Certains êtres renoncent à cette clairvoyance involontaire quand il l'ont, car ils savent qu'il n'y a rien de positif à en retirer et que, s'il y a quelques satisfactions immédiates, il n'y a rien au bout si ce n'est une impasse, car ils ne seront jamais maîtres de leur voyance et elle ne pourra leur apporter aucun enseignement. Ils s'appliquent alors à inverser le sens de ces courants par une vie pure, de service, de désintéressement et de bienveillance aimante pour tous, animaux et végétaux compris. Peu à peu, la clairvoyance involontaire devient moins fréquente, se raréfie puis disparaît tout à fait. A la place, se développent chez eux la clairvoyance volontaire ainsi que la connaissance immédiate, facultés qu'ils peuvent utiliser à leur gré. Mais au niveau spirituel auquel ils sont parvenus, ils ne s'en serviront jamais dans un but de curiosité, encore moins pour se faire valoir, ni même pour convaincre un incroyant. Jamais ces êtres-là ne les monnaieront, ni ne les laisseront seulement soupçonner, même à la personne qui leur est la plus chère.

Il est bien évident que de tels êtres ne se rencontrent pas souvent et, d'ailleurs, ils ne seraient d'aucune utilité à ceux qui veulent savoir ce que l'avenir leur réserve, car ils ne diraient rien. Si l'avenir est caché à l'homme, c'est qu'il doit l'être. Mais il est bon de savoir que ces facultés font partie du progrès humain, dans la perspective de l'évolution générale de la race humaine dans tous les domaines, et que tous les posséderont un jour.

VI

Phénomènes divers

Etant donné que les différents mondes s'interpénètrent - sans se mélanger toutefois, car chacun a son niveau de conscience et sa vibration propres - il y a de bons et de mauvais esprits partout autour de nous. Heureusement, nous ne les percevons pas car notre organisme est adapté au seul monde de la matière. Cependant, lorsque par nos désirs et nos aspirations, nous modifions notre fréquence vibratoire fondamentale, nous nous mettons, inconsciemment mais réellement, en harmonie avec le monde correspondant. Ainsi la prière, suivant sa qualité, peut nous élever jusqu'au monde de Dieu. L'exercice de la pensée, la réflexion soutenue, nous font accéder au monde de la pensée d'où nous rapportons des idées. Nos sentiments nous mettent en relation avec les différentes régions du monde émotionnel et, suivant ce qu'ils sont, attirent à nous des entités de même vibration. La peur appartient aux régions inférieures. Aussi, les sensitifs doivent savoir qu'une chose attire particulièrement les esprits malfaisants, c'est la crainte qu'on en a. Lorsqu'on se trouve seul dans un endroit, éprouver un vague malaise et redouter des "présences" les rendent effectives, car l'énergie générée par cette appréhension leur confère une certaine densité et leur présence se fait alors percevoir.

Une jeune fille, qui prenait possession d'une chambre dans laquelle elle allait avoir à passer quelque temps, en avait orné les murs de reproductions de tableaux de l'Ecole Impressionniste. Juste en face de son lit, elle avait suspendu une œuvre de Renoir : le portrait de Jeanne Samary, une actrice célèbre à son époque, qui regardait le spectateur de face. On sait que ce genre de regard fait toujours vis à vis à la personne qui le regarde, quel que soit l'angle de vision.

Sans y prendre garde, en entrant ou en se déplaçant dans la pièce, ses yeux rencontraient toujours le regard du modèle. Puis, elle eut l'impression que ce portrait la regardait, elle, particulièrement et la suivait des yeux. La jeune fille commença à en éprouver un certain inconfort et une vague crainte. Lui revinrent en mémoire des histoires d'esprits auxquelles elle n'avait pas ajouté foi car elle était d'un naturel positif et, d'ailleurs, ne croyait ni à Dieu ni au Diable. Alors, les "esprits", elle n'y croyait pas non plus. Mais ce regard, perpétuellement fixé sur elle, l'obsédait si bien qu'elle en vint à ne plus pouvoir dormir qu'avec la lumière allumée. Sinon, elle avait l'impression de présences dans sa chambre et qui prenaient plaisir à faire quelque bruit insolite au moment même où elle allait sombrer dans le sommeil. Elle percevait aussi des souffles. Finalement, et à contre-cœur car elle n'arrivait pas à renoncer à ce tableau, elle alla le brûler pour avoir la paix. Ce qui fut.

On pensera que c'est l'obscurité, jointe à son appréhension qui lui faisait interpréter le moindre bruit, le moindre souffle d'air. On se demandera aussi pourquoi, si ces présences étaient réelles, elle ne les percevait pas durant le jour ou quand la lumière était allumée. Mais quand on sait que les vibrations éthériques de la lumière sont beaucoup plus fortes que celles que peut émettre un désincarné, on croira à la réalité des "présences" que la jeune fille sentait autour d'elle, la nuit, une fois la lumière éteinte. N'est-ce pas toujours la nuit ou au crépuscule qu'on voit les fantômes ?

La meilleure défense est d'écarter sans hésiter tout ce qui peut avoir un air étrange comme, dans ce cas, le regard de face d'un portrait, un visage humain dans l'arrangement d'un dessin, d'un nuage, d'une roche, d'un paysage ou des feuilles d'un arbre, afin de fermer la porte à tout intervenant indésirable.

De même, si l'on se complaît dans des pensées de tristesse, de rancune, d'amertume, de rancœur, d'irritation, de dégoût ou autre sentiment pénible, des esprits malfaisants sont attirés vers nous, par simple association de ressemblance. Aussi, ces esprits se délectent-ils de nous enfoncer plus avant dans ces sentiments négatifs qui sont les leurs. Et si, de plus, nous les craignons, c'est alors que nous ressentons leur présence de façon oppressante.

Ceux qui sont sensibles à ces présences ont cependant des moyens de protection à leur disposition. En premier lieu, celui d'affirmer une attitude rationnelle : "Puisque rien n'est visible, c'est qu'il n'y a rien. N'y pensons plus".

Ensuite, celui de rester positif, en cultivant l'optimisme, la tolérance, la bienveillance envers tous, car c'est une gamme de sentiments qui n'intéresse pas du tout ce genre d'esprits foncièrement mauvais, pour qui bonté est synonyme d'hypocrisie. Ils s'éloignent d'eux-mêmes, de la même façon qu'un athée ou un matérialiste n'a aucune envie d'entrer dans une église, pour qui elle représente le comble de l'ennui. Non seulement ces sentiments ne les intéressent pas, mais ils en éprouvent une impression désagréable, comme lorsque nous fuyons un spectacle qui nous déplaît ou une musique contraire à nos goûts.

Si le curé d'Ars, un saint homme, était sans cesse persécuté par ces créatures démoniaques, c'est que lui-même accordait une très grande importance au Diable. Il avait été éduqué dans la croyance simpliste que le Diable cherche toutes les occasions de faire pécher les hommes et qu'il les guette à tous les tournants, donc qu'il s'agissait d'un combat de tous les instants. Ordonné prêtre, il se voyait comme le champion de Dieu, celui qui doit lui ramener les âmes des habitants de la paroisse à lui confiée. Aussi, était-ce la guerre quotidienne pour arracher ces "âmes" à l'emprise du

Diable et de ses créatures. Et toute l'énergie générée par la conscience permanente de ce combat, qui était sa vie et sa raison d'être, donnait d'autant plus de force et de consistance à ces démons qu'il y pensait sans cesse, les redoutant et les défiant. Aussi, ceux-ci ne se privaient-ils pas de cette matérialisation qui leur était aisément donnée pour le jeter, en plein sommeil, à bas de son lit ou le rouer de coups. Visiblement, ces entités s'amusaient à le tourmenter alors que d'autres saints n'ont été approchés par de telles entités que dans leurs moments de faiblesse, de doute ou de faute. Le reste du temps, ils étaient protégés par l'élévation même de leur pensée et de leurs sentiments, par leur dévotion et leur contact avec le divin, toutes choses qui font fuir les esprits malfaisants, car ce genre de vibration leur est insupportable de fadeur et de discordance avec ce qu'ils sont eux-mêmes.

Si, toutefois, l'appréhension est trop forte, il reste le bouclier souverain de l'appel aux bonnes forces que sont les serviteurs de Dieu qui, pareillement, nous entourent. Il faut savoir que, déjà, ils nous aident, à notre insu, chaque fois que nous nous efforçons de faire ce qui est bien. La prière au Ciel est un appel encore plus direct.

La prière a, réellement, une efficacité magique. Il ne s'agit pas de réciter un chapelet, ni une série de pater et d'ave, lesquels auraient peu d'efficacité, n'étant que des paroles apprises. Mais bien de s'adresser à l'être céleste dont nous nous sentons le plus proche - que ce soit le Père, le Christ ou Marie - avec les mots simples de notre langage habituel, en lui demandant très clairement de nous délivrer de ces présences importunes et oppressantes. Cette prière-là est toujours entendue.

*

* *

Une vieille dame que nous connaissions bien avait vécu longtemps avec un homme qu'elle adorait et dont l'unique préoccupation dans la vie était de prendre du bon temps. Passionné de vénerie, il partait chasser en Ecosse à la fermeture de la chasse en France, et pendait tranquillement ses chiens quand ceux-ci n'étaient plus assez agiles. Le reste du temps, il le passait dans les palaces à l'affût de jeunes - et de moins jeunes - beautés à conquérir, prenant un plaisir pervers à séduire celles qui y pensaient le moins. Plus ces femmes et ces jeunes filles paraissaient "sages" plus il s'acharnait, y mettant un point d'honneur et utilisant à ses fins toutes les ressources plus ou moins honnêtes de la séduction. Toute sa vie n'avait été qu'une succession de fêtes et de plaisirs. C'était, en fait, un triste individu mais doué, paraît-il, d'un tel charme qu'on ne pouvait lui résister.

A l'âge de quatre-vingts ans, toujours vaillant, toujours séducteur, il apprit qu'il avait un cancer. La perspective de la souffrance et de la déchéance le prenait de court. C'en était trop pour lui. Il se pendit. Avec la corde même qui lui servait à pendre ses chiens. Juste retour des choses. Quelques semaines passèrent. Notre amie avait quitté Monte-Carlo pour regagner son domicile parisien.

Un jour, à l'aube, ouvrant les yeux alors qu'elle émergeait du sommeil, elle le vit. Il était debout au pied de son lit et il la regardait. Avec une telle tristesse qu'elle se dressa vivement, les bras tendus vers lui. Mais, pendant ce bref instant, la vision avait disparu. En revanche, cette tristesse profonde, intense, chez cet homme qui n'avait fait que rire et s'amuser n'a cessé de l'interpeller le restant de sa vie.

Si cette dame avait eu la vision de son ami, ce n'est pas que, lui, ait cherché à se manifester. Il était simplement là, près d'elle, comme à l'habitude sans doute, à la regarder dormir, probablement parce qu'elle était le seul être qui l'ait vraiment aimé, la seule chose bonne qui lui restât dans sa nouvelle condition. Il est plus que probable qu'ayant perdu sa vie en amusements futiles, parfois pervers et en toute insensibilité à ce que pouvait ressentir les autres, ses conquêtes ou ses chiens, son Purgatoire devait être particulièrement pènible, de remords et de détestation de soi. On se rappellera, à son propos, l'interrogation de l'Etre de lumière dans les NDE : *"Montre-moi ce que tu as fait de bien"*. Avait-il eu seulement quelque chose à montrer ?

Si cette vision se produit n'importe quand, chez des personnes en principe bien portantes, le fait qu'elles aient subitement vu, pendant une ou deux secondes, un de leurs proches déjà sorti de ce monde, ou même un inconnu dans leur maison, un bois, un cimetière ou ailleurs, signifie simplement que, pendant un bref instant, leurs connexions corps subtils - corps physique se sont relâchées, pour une cause inconnue. Il est à remarquer que, dans ce cas, la plupart du temps, les êtres vus paraissent ignorer qu'ils sont aperçus par un terrestre. Ils ne les regardent pas du tout. Ce qui montre que cette voyance accidentelle n'est pas provoquée par eux mais tient à quelque anomalie fortuite dans l'organisme de celui qui les voit.

Tant que notre conscience est avec nos corps subtils au cours du sommeil, nous avons la vision spirituelle du monde immédiatement supérieur au nôtre, le monde émotionnel, qui est pour nous le monde du rêve. Nous ne savons pas lire ce que nous y voyons et qui est, d'abord, le reflet de notre personne, avec nos soucis, nos préoccupations et notre état de santé, tant morale que physiologique, mais aussi des représentations indépendantes propres à ce monde-là. Le tout se déforme et s'efface en repassant par le cerveau au moment du réveil. On perd donc aussitôt cette vision spirituelle dès qu'on réintègre le monde physique. Mais si, pendant un bref instant, nos corps subtils qui planaient au-dessus du corps physique pendant le sommeil, manquent de s'ajuster parfaitement aux atomes de notre corps physique, nous avons encore, pendant une seconde ou deux, la vision propre à l'autre monde. Il s'agit de la même vision qu'a celui qui, prêt à quitter la vie d'ici ou déjà sorti de son corps, voit parents et amis qui l'attendent.

La nécessité de cet ajustement où, pendant un instant, cette connexion peut n'être pas parfaitement établie, fait que la méditation qui a pour but d'obtenir la Connaissance, a le plus de chances de recueillir des informations au moment du réveil. Si la concentration est suffisamment soutenue pour que nous nous absorbions complètement dans son objet au point d'oublier notre corps matériel, alors celui-ci se rendort mais notre esprit reste éveillé à l'intérieur. Et, parce qu'il est esprit, parcelle de Dieu, la connaissance qu'il obtient sur l'objet de sa concentration est une connaissance intime, fondamentale, essentielle, qui serait impossible d'obtenir avec le seul cerveau physique, aussi intelligent qu'on soit.

En maintenant la concentration, on peut pénétrer sans autre effort dans ce monde spirituel, à partir de l'objet sur lequel s'est focalisée notre attention. Comme il n'y a plus, dans ce cas, la déformation habituelle du passage par le cerveau, ce qu'on voit ou qu'on apprend n'est plus fantasmagorique mais réel et on peut l'étudier à loisir.

Ce monde invisible est très dilaté par rapport à la terre et, bien qu'il soit beaucoup plus peuplé, on peut n'y voir personne sur de grandes étendues, quand on en ignore la structure et les lois.

*

* *

Ceux qui sont très affaiblis par une longue maladie à issue fatale, voient déjà dans leur chambre ou devant leur lit des personnes qui les attendent. Des parents, des amis, si ceux-ci ne sont pas partis depuis trop longtemps, sinon des inconnus qui se tiennent là, prêts à accueillir celui qui va venir dans leur monde. Mais ce peut être aussi des inconnus malveillants, surtout quand la personne n'avait eu que des préoccupations terre-à-terre. Elle n'attire à elle aucun de ces serviteurs de Dieu qui sont près, en permanence, de ceux qui s'efforcent de vivre et d'agir de leur mieux. *"Tous nos efforts tendent à l'avancement du règne de Dieu"* L'auteur a connu ainsi une vielle grand'mère - par ailleurs excellente femme - qui était attendue patiemment par des inconnus qui la regardaient de temps en temps, en la gratifiant d'une grimace. Sa vie n'avait été que recherche des plaisirs les plus élémentaires et pour finir, le cancer allait l'emporter. Elle se plaignait de ces présences importunes mais elle était tellement fermée aux réalités spirituelles qu'elle pensait avoir des hallucinations et n'en démordait pas. Il n'était donc pas facile de l'aider à éloigner ces individus peu amènes pour les remplacer par des êtres bienveillants qui l'auraient accueillie avec bonté et protégée de leurs mauvaises manières.

Cette vision des êtres qui l'attendaient sur l'autre plan était devenue possible en raison de son affaiblissement progressif qui avait relâché les connexions entre ses corps subtils et son corps matériel, lui-même très dévitalisé par la vieillesse et la maladie. Mais il n'y a pas, il n'y a jamais d'hallucinations. Ni au moment du passage, ni dans les maladies mentales, comme nous le verrons plus loin. Ce qui est vu existe réellement, mais appartient à un autre monde.

Chez l'alcoolique invétéré, lorsque les organes de la vie : cœur, foie, reins, ont été lentement ravagés et se trouvent à la limite du fonctionnement, les corps subtils ne sont plus étroitement intégrés à la matière comme chez l'homme normal. Il a une certaine vue du bas-astral et de la région éthérique, mais qui est due à l'effet prolongé de l'alcool, non à son développement spirituel. Ce qu'il voit, ce sont seulement les projections et créations mentales des ivrognes eux-mêmes, laquelles se matérialisent en araignées, rats, serpents, etc. Ceux qui s'abandonnent à la drogue, voient, en fin de parcours, des choses encore moins engageantes. Lorsque les uns et les autres quittent ce monde, c'est, hélas, vers ces régions qu'ils sont automatiquement attirés.

Il n'y a donc pas d'hallucinations mais une vision éthérique ou une vision spirituelle de ce qui est dans l'invisible et qui correspond toujours, pour son niveau, à ce qu'est l'individu.

Les substances qui, comme l'alcool ou les diverses drogues, donnent l'oubli ou un bien-être artificiel stoppent l'évolution de l'être car elles sont toujours une fuite devant l'effort, un refuge dans la facilité. Non seulement, elles abrègent sa vie en ruinant son organisme, mais elles détruisent aussi sûrement son âme car l'homme n'a plus son libre-arbitre, soumis qu'il est aux demandes impérieuses de ces substances. Le plus grave est qu'il n'est pas certain qu'il puisse retrouver rapidement sa liberté lorsqu'il passera dans l'autre monde.

A un degré moindre, il en est de même avec le tabac, bien qu'il ne donne jamais la vue des régions inférieures de l'astral. Insidieux destructeur de santé, il commence par dérégler le sommeil et altérer la mémoire, puis il durcit les artères et conduit tout doucement à l'accident cardio-vasculaire, non sans avoir, au passage, gratifié le fumeur d'asthme, d'emphysème, de laryngite ou d'autres incommodités à risques. L'autre grande échéance éventuelle ne pardonne pas non plus. Fumer, c'est la roulette russe : une seule cigarette suffit pour déclencher, un jour ou l'autre, le processus anormal tant redouté du cancer du poumon, qu'on fume toute la journée ou seulement de temps en temps.

La noblesse de l'homme, c'est justement de ne pas se laisser réduire en esclavage par ce que sa raison lui dit être mauvais, malgré le plaisir passager qu'il en retire. S'il s'y conforme quelle que soit la circonstance, il est vraiment un HOMME. Sinon, il est seulement un homme-en-devenir, encore incapable de se conduire selon le propre de l'homme, c'est-à-dire sa raison. Il sera donc contraint de faire, à ses dépens, vie après vie, l'apprentissage de la liberté. C'est-à-dire de la volonté. Laquelle le libèrera des envies que sa raison désapprouve. Car l'homme est libre quand rien ne peut plus l'asservir, pas même l'amour. On n'est pas maître de ses sentiments, mais on peut toujours s'éloigner.

*

* *

Un pseudo-cas d'aliénation mentale a, pendant des siècles, été un véritable martyre pour de nombreuses victimes d'esprits infernaux, qui n'avaient nullement perdu la raison. Cette catégorie de malades se plaint qu'on les touche, qu'on les brûle, qu'on les insulte, qu'on les viole, qu'on les abreuve de grossièretés, qu'on leur ordonne de se mutiler, en particulier de s'émasculer.

Les pauvres malheureux sont, en effet, touchés, brûlés, insultés, provoqués. Rien de tout cela n'est apparent sur leur corps ou rarement, mais ces sensations ne sont pas subjectives, elles sont réelles, étant donné le lien étroit entre le corps physique et le corps éthérique qui, bien qu'invisible, est également physique. Le pire, pour eux, est d'entendre, en permanence, des propos orduriers et haineux, ainsi que la suggestion sans cesse renouvelée d'avoir à se mutiler gravement. Ce qu'ils finissent par faire, de guerre lasse, en espérant avoir la paix. C'est ainsi que Van Gogh s'est coupé une oreille et est allé la déposer sur le seuil du lupanar du lieu ; encore que, dans son cas, c'étaient les privations et l'alcool qui avaient ouvert son corps éthérique à ces hôtes malfaisants. En général, il s'agit d'êtres susceptibles d'avoir, de par leur propre constitution, des contacts avec l'invisible. Probablement des individus qui, dans une ou plusieurs incarnations antérieures, ont sollicité ce genre d'esprits, en faisant de la magie noire. Dans leur existence actuelle, ils ont ramené du passé des afflictions dans leur thème astrologique qui les exposent à ces contacts. Mais, comme nous tous sur cette terre, ils ont le libre choix d'accepter ou de refuser les sollicitations de l'invisible. Libre à eux de ne pas céder à la tentation.

Les astres proposent, poussent l'individu à agir dans une certaine direction, mais ne contraignent que dans de rares cas de destinée mûre où l'être doit absolument liquider les dettes du passé pour pouvoir continuer à avancer. Ce que le thème ne montre jamais, c'est la volonté du natif, la façon dont il réagira à leurs incitations. Les plus belles promesses des astres peuvent ne jamais se traduire en événements réels si l'on attend qu'ils viennent à soi tout seuls, si l'on ne fait rien dans le sens proposé par ses planètes. VIVRE C'EST AGIR. Si l'on se sent poussé à faire quelque chose et que cette chose soit bonne, alors IL FAUT FAIRE LE PETIT EFFORT D'AGIR. Sinon on passe à côté de la vie. Ainsi, une possibilité de succès littéraire n'aboutira pas si le natif, trouvant trop contraignant le long travail d'élaboration qu'il se sent l'envie d'entreprendre, préfère finalement ne s'y consacrer qu'épisodiquement. Un fataliste, un être dominé par un autre ou encore un velléitaire incapable de sortir de ses routines, laissera passer l'occasion d'une promotion sociale, d'un enrichissement matériel, intellectuel ou spirituel. De même, en ce qui concerne les aspects adverses générant difficultés et conflits. Une volonté d'apaisement et de conciliation peut en réduire considérablement la gravité, et le clash prévu ne sera, en définitive, qu'un moment de tension. En résumé, rien n'arrive obligatoirement de ce que montre un thème et, dans le genre d'obsession dont nous parlions plus haut, il n'y a jamais de contrainte inéluctable.

Au cours de leur vie actuelle, ces "aliénés" ont, probablement, cédé à l'attrait des pouvoirs occultes ou peut-être seulement, se sont intéressés au spiritisme. En toute inconscience, ils ont laissé un ou des esprits infernaux investir leur corps éthérique. Depuis, ils vivent un calvaire auquel ils ne peuvent se soustraire.

Bien qu'il y en ait toujours, ce genre d'aliénés ne peuple plus guère les cliniques psychiatriques, grâce à la thérapie par électronarcose qui se révèle souveraine dans ce cas, mais que les psychiatres manient avec circonspection. Le patient reçoit une ou plusieurs décharges électriques et se trouve complètement guéri de son obsession. Le ou les obsesseurs sont partis et ne cherchent pas à revenir.

Cette guérison miraculeuse s'explique par le fait que l'électricité est une énergie qui s'exprime dans et par la région éthérique du plan physique. La décharge est reçue par les entités qui infestent le corps éthérique où s'exercent les forces de l'éther qui ont élaboré et contrôlent les organes sensoriels, d'où la sensation effective d'être touché, brûlé, et l'audition de paroles. La décharge les déloge immédiatement ; elle doit leur être un choc insupportable, puisqu'elles ne reviennent plus.

Lorsque des entités sont installées dans l'aura, qui n'est plus un corps physique mais un corps spirituel, le malade n'est pas victime de ce genre de persécution mais son mental et sa psychologie sont envahis par les vibrations lentes de pessimisme, de solitude et de désespoir de ces hôtes qui ne sont pas malfaisants volontairement. En général, ce sont des désincarnés qui errent tristement dans des régions intermédiaires en raison d'un matérialisme qui ne leur a laissé ni le goût, ni le temps de s'intéresser aux choses spirituelles. Ils ne voient pas grand'chose du Purgatoire, ni des régions de repos, ni bien sûr des régions infernales, n'ayant rien fait qui y justifierait un séjour. Un peu égoïstement, sans avoir aucunement conscience du tort qu'ils font, car ils sont dans une atmosphère grise, terne, sans repères et sans but, ils viennent trouver un peu de chaleur et de bien-être dans le corps émotionnel d'un terrestre qui leur aura été réceptif, à son insu, dans un moment de déprime, sans se rendre compte que leurs vibrations lentes, leur vêture grise et opaque, ainsi que leur psychologie lourde colorent et ralentissent celles de leur hôte jusqu'à se confondre, et que celuici ne peut plus échapper à la désespérance communiquée par ce parasite-éteignoir.

Toutes les auras, c'est-à-dire tous les corps émotionnels, ne se laissent pas pénétrer aussi facilement. Loin de là. Mais les êtres qui sombrent dans la dépression - celle qui est purement psychologique et non microbienne, comme c'est parfois le cas - ont eu, dans leur vie antérieure, des contacts volontaires avec l'invisible et ont ramené dans leur incarnation actuelle une aura, disons, mal fermée qu'un jour de tristesse ou de désespérance, un esprit errant aura pu investir à son profit. L'électronarcose ne peut rien dans ce cas, car c'est dans l'aura que ces entités parasites ont élu domicile, c'est-à-dire dans le corps émotionnel ; or, celui-ci n'appartient pas au monde physique mais aux mondes spirituels où notre électricité est sans effet. C'est pourquoi il est beaucoup plus facile de guérir les délires d'interprétation que la dépression, laquelle peut durer des années.

Il est juste de dire que tous les déprimés ne sont pas des parasités. Celui qui a vécu exclusivement pour soi dans une vie antérieure ramène, dans la vie suivante une tendance égocentriste qui l'isole des autres, même de ses parents, et ne lui fait trouver de bonheur nulle part, car il ne ressent que l'aspect négatif de ce qui l'entoure, même quand ce négatif n'existe pas. Pour en sortir, la thérapie est simple mais impraticable pour lui : l'oubli de soi, l'ouverture aux autres.

VII

Les Formes-pensées

Manifestations. Utilisations

L'être humain, enfermé dans son corps physique, avec sa conscience d'exister centrée dans sa tête, sans autre possibilité de communication avec ses semblables que la parole, le regard et le geste, a l'impression d'être un tout limité et clos.

A la vérité, rien n'est plus perméable qu'un cerveau humain. Non seulement il reçoit en permanence des images, des idées, des opinions qu'il capte, sans en avoir conscience, dans la mesure où quelque chose en lui est en harmonie avec ce qu'il reçoit, même si ce quelque chose n'est qu'à l'état de traces, mais lui-même émet des images et des pensées, soit abstraites, soit chargées d'émotion, que d'autres recueillent inconsciemment, en particulier la personne vers laquelle ces pensées sont dirigées.

A tout instant, les images qui se forment dans le cerveau créent une forme éthérique vague ou précise, selon la netteté et la précision de l'image mentale. La consistance de ces formes-pensées est proportionnelle à l'attention que nous leur portons. La pensée, s'exprimant par le cerveau au moyen de ce courant de force qu'est l'éther réflecteur, s'enrobe de la substance de cet éther et modèle une forme-pensée aussi réelle qu'un gaz dans un ballon, si elle est maintenue à l'esprit par la volonté de son initiateur. Par exemple, s'il imagine l'aménagement de sa maison ou s'il réfléchit au fonctionnement d'un appareil, la maison telle qu'il la voit dans son esprit et l'appareil qu'il projette existent déjà réellement à l'état virtuel. Mais s'il s'agit d'une autre personne, la pensée la rejoint comme une flèche et va pénétrer son aura.

La forme-pensée, une fois créée, ne peut qu'atteindre son but ou revenir à son initiateur. Il est à remarquer que si celui qui en est l'objet n'est pas en état de la recevoir, parce que son esprit est tendu ou absorbé dans quelque occupation qui réclame toute son attention, la forme-pensée gravite quelque temps autour de lui, dans l'attente du moment de relâche où elle pourra pénétrer son aura.

Selon qu'elle soit indifférente, aimante ou hostile, elle influencera de la même manière le psychisme de la personne vers laquelle elle aura été dirigée. Ainsi, une pensée chargée d'amour ou de haine fera naître chez la personne concernée une vibration semblable, si le sentiment est vivement ressenti. De nombreuses personnes aiment avec leur tête ou avec un sentiment de possession, sans ressentir vraiment la douceur et la tendresse de l'amour. Les formes-pensées ainsi générées ont peu d'effet, si ce n'est d'imposer leur image dans le cerveau de l'être aimé. Mais celui-ci peut aussi ressentir cette image comme importune et s'en agacer, ce qui serait contraire au résultat recherché. Lorsque ces pensées se revêtent d'amour, de tendresse ou d'affection, la personne concernée en ressent sûrement quelque chose. Quant à la haine, malheureusement celui qui l'éprouve la vit intensément. Elle lui sort, pour ainsi dire, par tous les pores. Aussi, la personne qui en est l'objet ne pourra manquer d'en être désagréablement affectée. De nombreuses personnes ont ainsi leur aura empoisonnée par la hargne ou l'irritation de quelqu'un qui les déteste. Elles ne savent pas que le sentiment de mal-être et l'humeur morose qu'elles ne parviennent pas à secouer, proviennent des mauvais sentiments de cette personne, encore que son image leur traverse l'esprit. Mais elles croient toujours que cette image vient de leur propre cerveau.

Si elles connaissaient la mécanique des pensées elles pourraient se protéger des envois indésirables en leur fermant la porte.

Comment ? De plusieurs manières. D'abord, par une attitude de rejet de tout sentiment négatif et d'affirmation d'optimisme, mais aussi en y répondant par de bonnes pensées de bienveillance, voire d'amitié. Ce n'est pas toujours facile car la détestation appelle la détestation, en sollicitant cette même vibration chez la victime, même si elle ne veut pas s'y laisser aller. Ou encore en ayant une attitude permanente de bienveillance et de compréhension envers tous, sans aucune exception. Alors, la mauvaise pensée, ne trouvant pas avec quoi s'amalgamer, retourne à celui qui l'a générée. On peut se faire aussi, par l'imagination, une aura blanche ou dorée, en tout cas lumineuse. Rien de mauvais ne peut y pénétrer, mais il faut avoir l'habitude de la concentration, afin de soutenir, sans faiblir et sans effort, l'image ainsi formée. Ceux qui ont la vue éthérique et qui savent, par conséquent, que ces choses existent n'ont pas de mal à se faire ainsi une protection efficace, leur connaissance leur donnant automatiquement toute la concentration voulue.

Un autre moyen, très simple, est de faire appel aux bonnes forces qui nous entourent et sont toujours prêtes à nous aider à lutter contre le mal, quand on le leur demande. Elles ont le pouvoir de chasser de notre aura ces énergies parasites mauvaises, avant que leur charge néfaste ne soit libérée, et de les renvoyer à leur auteur. Non par décision personnelle mais parce qu'il ne peut en être autrement. Tout ce qu'on crée, en mal ou en bien, nous revient, car la justice immanente est comme un miroir, impersonnel, impavide, mais fidèle dans les plus petits détails. Enfin, pour ceux qui n'en sont pas encore là, il reste un moyen super-efficace et facile, plus facile que tout le reste, qui est celui de la prière. Son effet est radical, pour autant qu'elle ne soit pas une suite de mots appris et récités mécaniquement comme une formule magique mais, comme nous l'avons dit, un appel direct à Dieu ou au Christ pour être délivré de ces mauvais sentiments et les remplacer sincèrement par de la bienveillance, si on ne le peut par l'amour.

Les personnes habituellement bonnes, et plus encore celles qui ont fait de la bienveillance et de l'amitié pour tous, et pour chacun, un idéal de vie, n'ont jamais leur aura infestée de ces vibrations négatives, par les mauvais sentiments que certains peuvent nourrir à leur égard et qui s'expriment par des mauvaises pensées soutenues, parce que ces mauvaises pensées ne trouvent rien de semblable à elles pour s'y accrocher et fusionner. Ne pouvant pénétrer ces auras réfractaires, elles retournent invariablement à leur émetteur. C'est là une protection naturelle, encore faut-il bannir de soi tout ressentiment, toute irritation envers qui que ce soit, sans exception. Or, aussi bon qu'on soit, il arrive parfois qu'on fasse justement une petite exception. Celle-ci peut être logée solidement en nous depuis des années pour un tel qui, un jour, nous aura humilié, lésé dans nos intérêts légitimes ou injustement discrédité auprès de personnes dont dépendait notre situation etc. On se sent plein d'amour pour le monde entier, mais quand il s'agit de cette personne-là, la source tarit brusquement. Même si l'on n'a rien de tout cela mais que, dans la vie quotidienne, on ne puisse surmonter une trace d'agacement envers, par exemple, une belle-mère injuste et critiqueuse, la protection ne joue pas. Il faut bannir vraiment toute amertume, tout ressentiment, toute irritation, en un mot tout sentiment négatif et ne faire croître en soi que bienveillance unilatérale pour tous et pour tout.

On ne saurait trop insister sur la responsabilité de nos pensées car, que nous le voulions ou non, elles apportent du mal ou du bien aux autres, selon les sentiments que nous éprouvons pour eux. Ils ne savent pas pourquoi ils se sentent sans entrain, moroses et peu enclins à être aimables avec leur entourage, quand nous leur envoyons, à notre insu, des pensées de colère, de rancune ou seulement d'antipathie, de jalousie, de déconsidération. Efforçons-nous donc qu'elle soient, pour le moins, indifférentes et faisons l'effort qu'elles soient plutôt bienveillantes, compréhensives, encourageantes et aimantes, afin que ces personnes se sentent heureuses de vivre et pleines de courage pour affronter les petites difficultés éventuelles de tous les jours. De toute façon, ce positif que nous leur enverrons, ce bien que nous leur ferons, nous sera d'autant plus retourné en amicales dispositions à notre égard que notre désir de leur faire du bien aura été plus vif et plus sincère.

Cependant, si ces bonnes pensées étaient envoyées dans l'intention d'en recevoir la même chose, le résultat serait à peu près nul, car elles seraient alors entachées d'intérêt personnel, qui est un sentiment négatif et ne produit que du négatif. De même que donner, en pensant que la loi des Conséquences nous donnera à notre tour, amène un résultat faible, sinon nul. Rien n'est donné à l'homme gratuitement, s'il ne donne lui-même gratuitement son aide, ses services et son amour. Le désintéressement est un autre impératif de la loi de l'évolution, laquelle est la raison de toute vie sur la terre. La clé d'or est l'oubli de soi et celui-ci est inséparable du désintéressement.

Si quelque personne mal intentionnée, connaissant la force de la pensée dirigée et soutenue par le sentiment, voulait l'utiliser pour apporter du mal à une autre, ce qu'elle aurait envoyé lui serait tôt ou tard retourné, même si ses pensées de haine avaient pénétré l'aura de sa victime et apporté le mal souhaité. Et cela d'une façon encore plus aiguë que ne l'était l'envoi. Car la loi des Conséquences s'exerce plus rapidement et plus durement sur celui qui sait et qui fait le mal sciemment. Attention donc au retour du bâton !

Si d'autres voulaient utiliser la force de la pensée pour s'approprier l'amour de quelqu'un, il se peut qu'il y ait un résultat, si l'amour est vraiment très fort et tendrement ressenti. Ce résultat, pourtant, ne serait que temporaire. Comme il constitue une tentative de soumission d'un autre être à notre volonté - ce qui est en vérité une opération de magie noire - que ce serait prendre ce qui n'est pas prévu dans notre destinée et que, de plus, ce désir égoïste est intéressé, cet amour, créé artificiellement, ne saurait subsister longtemps et risquerait même de se transformer en un sentiment de rejet sans appel. L'homme est libre. Si Dieu lui-même respecte sa liberté, lui n'a pas le droit d'imposer la sienne, serait-ce même pour une bonne cause. La liberté de ses frères doit lui être sacrée. Suggestionner quelqu'un, pour lui faire perdre une mauvaise habitude, peut sembler une aide désintéressée car la suggestion, surtout si elle est répétée, demande un effort de concentration. Quelle que soit la pureté de l'intention, cette aide n'en constitue pas moins une violation de la liberté d'autrui. Il se peut qu'il y ait un résultat, mais celui-ci ne sera pas durable car il n'aura pas été acquis par l'individu lui-même.

Le fait que nos pensées créent des formes-pensées qui persistent aussi longtemps qu'elles sont soutenues par la charge émotionnelle qui leur donne de la consistance, explique ces histoires véritablement incroyables de criminels qui, à distance, font crever un troupeau ou mourir lentement la femme aimée d'un voisin haï, ou d'autres forfaits impunissables tout aussi extraordinaires. Les poupées utilisées comme condensateurs d'énergie n'ont aucun pouvoir en elles-mêmes, mais elles sont progressivement chargées émotionnellement au fur et à mesure que se déroule l'opération magique ou la séance d'envoûtement, par les mains, le regard et la volonté de nuire exprimée à chaque instant par celui qui les confectionne. Et, quand il prononce des incantations en enfonçant des aiguilles là où il veut produire du mal, sa haine et sa méchanceté sont alors si fortes qu'alliées à la conviction de l'efficacité de l'opération magique, la forme-pensée ainsi créée devient vivante et agissante jusqu'à la réalisation complète de l'action qui lui a été assignée, même si, entre temps, l'initiateur a relâché sa pression. Elle ne peut que restituer à la personne qu'elle représente - et dont elle contient un élément personnel qui la guide : cheveux, rognures d'ongles, mouchoir etc. - la charge de mal accumulée. Il est difficile de briser un maléfice de cette sorte, sauf à recourir à un magicien spécialiste de la destruction de ces œuvres noires. Brûler la poupée, si on la trouve, libérerait la victime, mais elle est toujours très bien cachée. Il peut s'agir aussi d'objets déposés à proximité des habitations, dans un endroit où l'on ne songe pas à aller les chercher, si toutefois l'on se doute de quelque chose. Souvent, la victime subit le mal avant qu'on ait soupçon de la malfaisance.

Toutes les opérations magiques sont une utilisation de la force de la pensée. Les incantations et les accessoires ne sont là que pour exalter l'intensité et le pouvoir de cette pensée en la chargeant, autant que faire se peut, de toute la force du sentiment. Mais les bougies et l'encens sollicitent efficacement le concours des forces mauvaises de l'invisible, toujours à l'affût d'une méchanceté. Il est à remarquer que, dans l'état d'esprit inverse - celui de la dévotion - bougies, cierges et encens attirent, au contraire, des forces bénéfiques en harmonie avec les aspirations de l'assistance. C'est la raison de la présence de la bougie allumée, ou des cierges, dans toute opération où coopèrent des forces invisibles, que ce soit dans les églises, ou quand un maître hindouiste vous gratifie d'un mantra ou encore procède à votre "réalisation".

*

* *

Il n'y a pas lieu de crier au miracle devant le phénomène édifiant des Vierges qui pleurent, qui suintent de l'huile ou du sang. Elles sont probablement le fait de quelque plaisantin du bas astral qui se divertit de la crédulité des braves gens et prend un malin plaisir à drainer leur foi sur un personnage secondaire au lieu qu'ils la tournent vers Dieu seul, comme il est logique que ce soit. Ce peut être aussi le fait de ces créatures infra-humaines qu'on appelle les élémentaux. Ils ne sont pas dangereux mais aiment s'amuser quand les hommes ne sont pas conscients de leur présence et ne pourraient donc les chasser.

Les groupes humains partageant la même croyance créent des formes-pensées de leurs dieux, et ceux-ci finissent par exister réellement dans la région éthérique où le sorcier peut les voir et les contacter. Certains êtres sensitifs peuvent les voir eux-mêmes. Ils sont tels que la croyance générale se les représente.

Les différentes divinités révérées et redoutées par les peuplades primitives existent en effet, mais n'ont rien à voir avec l'entité tutélaire - un archange ou un ange - qui s'occupe de ces groupes ethniques en inspirant le sorcier, mais que ceux-ci ne prient ni n'adorent jamais, faute de les connaître, et même d'en avoir une idée. Car l'écart est trop grand entre leur mentalité primitive simpliste et cette entité céleste, beaucoup plus avancée que le meilleur des hommes.

Depuis des siècles, et surtout depuis le Moyen Age, les catholiques se sont fait une idée de la Vierge Marie qui ne correspond pas du tout au personnage historique. Ils en ont fait surtout un personnage d'intercession pour les protéger de la colère de Dieu, méritée par leurs nombreux péchés, et à qui leur principale demande est de prier pour eux "maintenant et à l'heure de la mort", c'est à dire du règlement des comptes. L'imagerie pieuse a propagé une représentation de Marie que toutes les personnes qui la prient reproduisent mentalement. Etant donné les millions de catholiques à travers le monde depuis le Moyen Age qui se font cette même représentation mentale avec, en plus, la ferme conviction que cette image correspond à une personne vivante, réelle, il n'est pas étonnant que cette forme-pensée ait acquis suffisamment de densité pour être aperçue, ça et là par des enfants, car ceux-ci ont une plus grande aptitude à "voir" que les adultes, trop matérialisés. On a répertorié plus de quatre cents apparitions de “Marie“ à travers le monde. Cette entité éthérique est douée de vie et d'un semblant d'intelligence, aussi longtemps qu'elle vit dans le mental des gens, alors qu'il s'agit seulement d'un reflet de la mentalité générale. A noter qu'elle réclame toujours des chapelets - prière à elle adressée - qui fixent l'énergie-pensée de la foule et maintiennent son existence à elle, car tout ce qui a vie veut survivre.

Les croyants, du moins ceux qui fréquentent les églises, sont des êtres qui ont implicitement renoncé à utiliser leur raison et leur esprit critique. Leur foi les guide et il ne leur viendrait pas à l'esprit de douter un instant de la présence réelle de la Vierge. L'Eglise, heureusement, reste très réservée sur tous ces phénomènes qu'elle ne sait pas expliquer, mais qu'elle voit bien ne pas correspondre à ce qui serait logique.

Les fidèles, eux, ne doutent pas. Cela d'autant moins que ces Vierges les incitent fortement à la pénitence, parlent de leur Fils dont elles retiennent le bras vengeur et réclament des prières. Le simple fait qu'elles parlent toujours dans le sens exact du discours habituel des sacristies et des habitués du chapelet, sans jamais apporter un élément nouveau, différent, original, où l'on sentirait l'expression d'une personnalité réelle, montre bien qu'il s'agit d'une entité créée artificiellement par le mental de l'ensemble des croyants. On peut, d'ailleurs, facilement s'en convaincre par les réponses qu'elle fait à des questions précises. Ainsi, la Vierge de Medjugorje qui fait courir tant de catholiques enthousiastes, quand on l'a interrogée sur la réalité de la réincarnation, a répondu négativement. C'était, précisement, ce que l'assitance avait envie d'entendre. Or, on ne peut nier que la réincarnation soit un fait ; les Evangiles le confirment. Mais pour ceux qui n'ont pas de ces pieuses lectures, l'installation en France de lamas tibétains depuis l'occupation chinoise, apporte quelques éléments de réflexion. Les projecteurs de l'actualité se braquent assez souvent sur eux. La presse relate le cas de petits enfants dont la réincarnation est confirmée par les tests que ces lamas leur font subir pour identifier en eux un de leurs "rimpochés" récemment décédé. Ces enfants reconnaissent immédiatement et sans erreur les objets leur ayant appartenu, ainsi que les lieux. Et, quand ces lieux ont été transformés, ils demandent des explications, en décrivant ce qui était auparavant. Tout le monde sait comment fut choisi l'actuel Dalaï-lama. Mais la foule des catholiques présents ce jour-là à Medjugorje entendait rester ferme sur ses croyances et refusait de réexaminer la question. Il est cependant juste de dire qu'un catholique sur quatre croit à la réincarnation.

Toutes ces apparitions, que ce soit à Garabandal, à San Damiano ou ailleurs, de Vierges qui pleurent ou suintent divers liquides, n'ont rien à voir avec la sainte mère de Jésus dont le discours est autrement plus sensé et plus logique quand elle se manifeste réellement.

Ainsi, à Fatima, il y eut une authentique visite de Marie. Certains éléments le confirment. D'abord, une volonté exprimée et précise de faire venir, à une certaine date, le plus de monde possible pour écouter ce qu'elle avait à dire. Ensuite, une action sur les conditions atmosphériques, qui rappelle celle du Christ ordonnant à la tempête de se calmer, et la production de phénomènes en dehors des lois physiques - pouvoirs que n'a jamais une forme-pensée. Enfin, quelques détails matériels convaincants. L'annonce qu'elle fit du déclenchement de la Seconde Guerre mondiale, et qui s'est révélée erronée, n'est un argument de non-validité pour ceux-là seuls qui croient que, de l'autre côté, on sait tout et que tout est exactement prévu d'avance. Mais le simple fait qu'elle ait fait cette prédiction prouve bien qu'il s'agit d'une personne réelle qui pouvait voir dans la région éthérique, alors qu'une entité éthérique, artificiellement créée par l'imagination des hommes, ne le peut pas.

C'est au discours qu'elle tient qu'on peut savoir si l'entité qui se manifeste est une forme-pensée ou une personne réelle et si, étant telle, elle est bien la personnalité qu'elle prétend être. Car, aussi élevées que soient ses paroles, aussi longtemps qu'elles se maintiennent dans ce registre, un jour ou l'autre sa personnalité se révèle à un détail qui ne cadre plus avec le reste et trahit sa nature véritable.

Un Christ qui dénonce les Evangiles et en dicte un autre de sa façon, y mêlant un langage et des points de vue difficilement compatibles avec sa nature divine ou un autre qui, dans un flot de paroles évangéliques, parle volontiers de rut et de défécation, ou encore un troisième qui demande qu'on lui élève une croix de deux cents mètres, ne sont que de vulgaires imposteurs qui ne méritent même pas un début d'attention.

Quand le discours de ces entités est édifiant d'un bout à l'autre, il reste encore à appliquer la logique comme moyen d'identification. Ainsi, une Vierge qui canalise exclusivement vers elle l'attention et la dévotion des fidèles, au lieu de la diriger vers Dieu, le centre et la fin de tout, n'est pas Marie mais une forme-pensée qui désire se maintenir et sans autre intérêt, pour nous, que la curiosité de sa matérialisation.

En résumé, devant toute manifestation surnaturelle, l'attitude sage est l'observation objective et l'analyse critique. Ainsi, il ne faut pas hésiter à rejeter tout ce qui, malgré un ensemble cohérent et convaincant, comporterait ne fût-ce qu'un seul élément contraire à la logique.

La logique permet de discerner le vrai du faux. Ainsi, le témoignage rapporté par Paul Misraki semble, à priori, de peu d'intérêt et même douteux à celui qui le lit pour la première fois. Mais la manière de prier qu'indique, d'une façon toute simple, le jeune homme très ordinaire qui se manifeste, a une telle valeur, c'est tellement ce qu'il faut faire - et que n'enseignent jamais les églises qui, toutes, prônent un Dieu extérieur - qu'elle ne peut provenir d'un farfelu qui ne songerait qu'à s'amuser, ni, encore moins, d'un de ces êtres perdus en rebellion contre Dieu. Ce témoignage peut donc être tenu pour authentique.

Autre critère : l'universalité du propos. Un trépassé qui fait normalement son Purgatoire ou même son Ciel, tout désireux qu'il soit de nous aider, ne se manifestera jamais de lui-même. Si, toutefois, il y a une demande insistante et que, dans l'entourage du demandeur, personne ne puisse la satisfaire, il interviendra. Après en avoir reçu permission et cela d'une façon brève et occasionnelle. Mais jamais, au grand jamais, pour le conseiller dans ses petites préoccupations personnelles. On peut être sûrs que ceux qui nous parlent de nos affaires ne nous veulent pas de bien. Il faut donc les repousser sans ménagements.

Conclusion

Notre monde actuel, si réel pour nous, avec ses formes stables, son temps et sa durée, n'est cependant qu'un monde d'illusion, ainsi que l'enseigne depuis longtemps la Sagesse orientale. Illusion de sa matière, car tout n'y est qu'énergie ; ses formes ne se maintiennent que par la volonté divine en manifestation et ses lois particulières ne sont valables que pour lui, aussi longtemps qu'il perdure. Cesserait un instant l'énergie qui le sous-tend, et tout retournerait au chaos originel, ainsi qu'en conviennent volontiers les scientifiques qui, par ailleurs, n'ont pas de réponse à l'origine de cette énergie. Illusion intellectuelle et morale, car il n'est qu'un reflet de la Vie véritable, indestructible et éternelle qui est ailleurs, dans les mondes spirituels. On sait depuis Hermès que *"ce qui est en haut est comme ce qui est en bas"*, mais notre réflexion limitée a du mal à saisir toute la portée de cette vérité.

Néanmoins, ce monde, tout illusoire qu'il soit, est celui qui convient le mieux à notre état actuel de développement, pour y poursuivre notre évolution en sécurité. Si nous n'avons pas, normalement, la vue spirituelle qui permettrait des échanges avec les habitants du monde qui nous est immédiatement connexe, c'est que cette communication n'est pas dans le plan divin. Les authentiques manifestations de proches sont très rares et ne sont jamais motivées par des raisons personnelles. Elles sont parfois permises pour dispenser une aide d'intérêt général. Il ne faut donc ni espérer un contact avec les êtres qui nous ont quitté, ni accepter ceux qui pourraient nous être incidemment proposés, car les esprits qui se manifestent à nous de quelque manière que ce soit - table, planchette, voix intérieure, écriture automatique - proviennent presque tous du bas astral, c'est à dire des régions inférieures du monde émotionnel où l'on peut situer le purgatoire et l'enfer, encore qu'il s'agisse plus de niveaux de conscience que de lieux géographiques. Si certains sont inoffensifs - mais comment le savoir ? - d'autres peuvent être très dangereux. En particulier, ceux qui se présentent comme un être cher récemment disparu. Quelle que soit l'identité qu'ils annoncent, on peut être sûr qu'elle est usurpée. Nous croyons utile de répéter avec insistance qu'il s'agit d'êtres perdus, qui se sont mis délibérément en dehors des lois de Dieu pour avoir constamment persévéré dans le mal, malgré toutes les occasions offertes de revenir vers le bien. Ce sont des bannis du plan général de l'évolution, des réprouvés voués à la désintégration finale et qui essaient de survivre encore un peu par tous les moyens.

Même si l'on a pitié de ces êtres impitoyables, même si on les plaint, il faut néanmoins les repousser avec la dernière énergie car cette pitié - qu'ils n'ont jamais eue pour les autres - nous serait fatale. Rien ne peut plus les toucher, car ils n'ont plus en eux ce principe divin qui pousse les hommes vers le bien et pourrait encore s'émouvoir au contact de la bonté d'autrui. D'ailleurs, si on les voyait tels qu'ils sont, notre sain réflexe serait l'horreur, la défense et la fuite, mais aucunement l'envie de leur tendre la main. Un de ces êtres perdus s'est, un jour, approché de l'auteur en état de dédoublement. Si l'écran épais de notre corps de matière nous empêche non seulement de les voir mais aussi de ressentir leurs vibrations, sur le plan éthérique ils ne peuvent dissimuler ce qu'ils sont. La haine, la méchanceté qui se dégageaient de cet être démoniaque étaient au-delà de la haine humaine qu'on peut affronter ici - ce qui confirme que tout est beaucoup plus aigu de l'autre côté. Mais un prompt appel de détresse aux forces célestes l'a heureusement éloigné, la laissant horrifiée.

Solliciter l'ange soi-disant complémentaire de notre personnalité ainsi que faire du channeling sont d'une témérité insensée. Comme on ne peut voir qui nous parle, qui se manifeste, la sagesse est de fuir tout contact avec l'invisible, en gardant à l'esprit que ceux qui ont quitté ce monde N'ONT PAS LE DROIT de communiquer avec ceux qui y sont encore et qui, eux-mêmes, n'ont pas à rechercher ces contacts.

*

* *

La tranquille inconscience de ceux qui ont un conseiller invisible, ou qui naïvement l'espèrent, au regard de la gravité du péril qu'ils encourent et de son irréversibilité, a été la principale motivation de cet ouvrage. Nous savons qu'il est très difficile de secouer ce genre de convictions tellement gratifiantes, mais nous espérons avoir, au moins, éveillé un doute qui pourrait se révéler sauveur pour quelques-uns.

Table

ACHEVÉ D'IMPRIMER
SUR LES PRESSES
DE L'IMPRIMERIE DES BEAUX ARTS
A 34700 LODEVE
EN OCTOBRE 1997

DÉPOT LÉGAL 4E TRIMESTRE 1997

ISBN 2 911708-05-9